装饰工程预算

主　编　郭玉华　黄　琴
副主编　李　珺　罗　健　廖　炜　李伟娜
参　编　刘　翔　游清霞　戴莉萍　龙　敏
　　　　伍岳青
主　审　李三秀

北京理工大学出版社
BEIJING INSTITUTE OF TECHNOLOGY PRESS

内 容 提 要

本书以分项工程为对象，详述了工程列项、工程计量、计价的思路和方法，并且根据工作系统化思路，在适当的位置以二维码的形式提供了建设工程工程量计价规范、预算定额标准及工程造价咨询规范，便于在预算过程中查阅。全书共分二十个任务，包括：装饰预算岗位认识，整体面层，块料楼地面层，踢脚线，楼梯与台阶，墙柱面抹灰，墙柱面块料，墙饰面，柱（梁）面装饰，幕墙，天棚抹灰，天棚吊顶，灯槽（带），全玻自由门，窗台板，窗帘盒（轨），油漆、涂料、裱糊，金属旗杆，玻璃雨篷，招牌、灯箱。本书所用案例均选自生产一线的真实项目，并以任务驱动的方式分步骤引导和解析，在培养预算编制技能的过程中逐渐启发并开拓思路。

本书适合高职高专院校工程造价专业学生和广大建设工程领域从业人员使用。

版权专有　侵权必究

图书在版编目（CIP）数据

装饰工程预算 / 郭玉华，黄琴主编. -- 北京：北京理工大学出版社，2024.4
ISBN 978-7-5763-3995-6

Ⅰ.①装… Ⅱ.①郭… ②黄… Ⅲ.①建筑装饰－建筑预算定额　Ⅳ.① TU723.3

中国国家版本馆 CIP 数据核字 (2024) 第 098746 号

责任编辑：封　雪　　　　**文案编辑**：毛慧佳
责任校对：刘亚男　　　　**责任印制**：王美丽

出版发行	/ 北京理工大学出版社有限责任公司
社　　址	/ 北京市丰台区四合庄路 6 号
邮　　编	/ 100070
电　　话	/ (010) 68914026（教材售后服务热线）
	(010) 63726648（课件资源服务热线）
网　　址	/ http: //www.bitpress.com.cn
版 印 次	/ 2024 年 4 月第 1 版第 1 次印刷
印　　刷	/ 河北鑫彩博图印刷有限公司
开　　本	/ 787 mm×1092 mm　1/16
印　　张	/ 13
字　　数	/ 314 千字
定　　价	/ 78.00 元

图书出现印装质量问题，请拨打售后服务热线，负责调换

前言

党的二十大报告指出:"深化教育领域综合改革,加强教材建设和管理,完善学校管理和教育评价体系,健全学校家庭社会育人机制。"深化职业教育改革已经成为广大职教人的紧迫任务。在党的二十大报告精神指引下,在学院领导的正确指导下及合作企业的支持和帮助下,经过一年多的共同努力,本课程组完成了本书的编写。

编者在吸收国内外新形态教材成功经验基础上,结合本地、本校情况对本书进行了创新,具体如下:

(1) 打破了传统章节式编写体制,参照岗课赛证创融通素质,从岗位要求出发,将行业标准规范融入本书,以工作任务工单为驱动,在教学评价中参照全国职业院校技能大赛大纲或"1+X"证书考核大纲的要求,以任务模块的形式编写相关内容。

(2) 教学素材及教学内容来自日常生活场景或实际工程案例,教学任务与实际岗位任务对接,教学步骤与岗位工作步骤对应,教学评价标准与工程验收标准看齐,针对性、真实性和实践性很强。

(3) 教学内容依据最新工程造价行业规范和定额标准选定,工单格式参照工程造价咨询规程,政策性、规范性和时效性都很强。

(4) 对任务模块设计布局、案例素材选取及演算过程等技术性内容,都经过行业、企业单位中相关专家和一线技术骨干严格审核把关。

(5) 图文并茂,使线下资源与线上平台相互补充,具有较强的趣味性和观赏性。

另外,本书以现代职业教育理念为原则,采取"教与学""标准规范""任务描述""识图分析""预算列项""工程算量""工程计价""任

Preface

务检查""任务评价""素养提升""以赛促学"等模块进行编排，形成在探索中学习、在学习中工作、在工作中探索等递进式循环过程，并在完成任务的过程中讨论问题、提升素养，从而实现学习与工作交替、教书与育人统一的目标，既符合职业教育的基本规律，也适合相关人员自学或在工作中参考。

本书由江西应用技术职业学院郭玉华、江西应职院测试研究有限公司黄琴担任主编，江西应用技术职业学院李珺、罗健，江西环境工程职业学院廖炜、福州软件职业技术学院李伟娜担任副主编，江西应用技术职业学院刘翔、游清霞、戴莉萍、龙敏、伍岳青参与编写。全书共二十个任务，其中：任务一～任务五由郭玉华编写，任务六～任务八由黄琴编写，任务九～任务十一由李珺编写，任务十二和任务十三由罗健编写，任务十四由游清霞编写，任务十五由廖炜编写，任务十六由李伟娜编写，任务十七～任务十八由刘翔、戴莉萍共同编写，任务十九由龙敏编写，任务二十由伍岳青编写；全书由江西恒达工程咨询有限公司李三秀（一级注册造价工程师）主审。

本书编写过程中参考和借鉴了有关专家的文献成果，也得到了江西应用技术职业学院领导、有关专家的大力支持和帮助，在此一并表示衷心的感谢。

由于编写时间仓促且编者水平有限，书中难免疏漏与不当之处，敬请广大读者批评指正。

编　者

目录

任务一　装饰预算岗位认识……… 1
　　教与学……………………………1
　　标准规范…………………………3
　　任务描述…………………………4
　　识图分析…………………………4
　　预算列项…………………………4
　　工程算量…………………………5
　　工程计价…………………………5
　　任务检查…………………………7
　　任务评价…………………………7
　　素养提升…………………………8
　　以赛促学…………………………8

任务二　整体面层………………… 9
　　教与学……………………………9
　　标准规范………………………10
　　任务描述………………………12
　　识图分析………………………13
　　预算列项………………………13
　　工程算量………………………13
　　工程计价………………………15
　　任务检查………………………17
　　任务评价………………………17

　　素养提升………………………18
　　以赛促学………………………18

任务三　块料楼地面层………… 19
　　教与学…………………………19
　　标准规范………………………20
　　任务描述………………………22
　　识图分析………………………23
　　预算列项………………………23
　　工程算量………………………24
　　工程计价………………………27
　　任务检查………………………28
　　任务评价………………………29
　　素养提升………………………29
　　以赛促学………………………29

任务四　踢脚线………………… 30
　　教与学…………………………30
　　标准规范………………………31
　　任务描述………………………33
　　识图分析………………………34
　　预算列项………………………34
　　工程算量………………………35

Contents

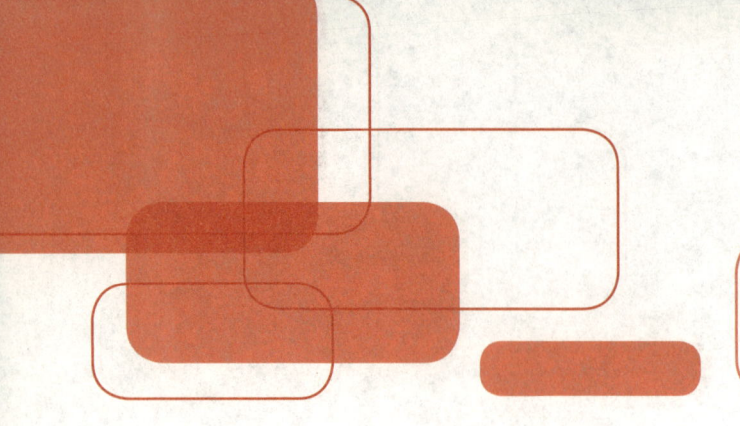

工程计价 …………………………………… 36
任务检查 …………………………………… 38
任务评价 …………………………………… 38
素养提升 …………………………………… 39
以赛促学 …………………………………… 39

任务五　楼梯与台阶 …………………… 40

教与学 ……………………………………… 40
标准规范 …………………………………… 41
任务描述 …………………………………… 45
识图分析 …………………………………… 46
预算列项 …………………………………… 47
工程算量 …………………………………… 47
工程计价 …………………………………… 48
任务检查 …………………………………… 50
任务评价 …………………………………… 51
素养提升 …………………………………… 51
以赛促学 …………………………………… 51

任务六　墙柱面抹灰 …………………… 52

教与学 ……………………………………… 52
标准规范 …………………………………… 53

任务描述 …………………………………… 56
识图分析 …………………………………… 56
预算列项 …………………………………… 57
工程算量 …………………………………… 57
工程计价 …………………………………… 58
任务检查 …………………………………… 60
任务评价 …………………………………… 61
素养提升 …………………………………… 61
以赛促学 …………………………………… 61

任务七　墙柱面块料 …………………… 62

教与学 ……………………………………… 62
标准规范 …………………………………… 63
任务描述 …………………………………… 66
识图分析 …………………………………… 66
预算列项 …………………………………… 66
工程算量 …………………………………… 67
工程计价 …………………………………… 68
任务检查 …………………………………… 69
任务评价 …………………………………… 70
素养提升 …………………………………… 70
以赛促学 …………………………………… 70

Contents

任务八 墙饰面 …………………… **71**

    教与学 …………………………… 71
    标准规范 ………………………… 72
    任务描述 ………………………… 74
    识图分析 ………………………… 75
    预算列项 ………………………… 76
    工程算量 ………………………… 76
    工程计价 ………………………… 78
    任务检查 ………………………… 79
    任务评价 ………………………… 80
    素养提升 ………………………… 80
    以赛促学 ………………………… 80

任务九 柱(梁)面装饰 ………… **81**

    教与学 …………………………… 81
    标准规范 ………………………… 82
    任务描述 ………………………… 83
    识图分析 ………………………… 84
    预算列项 ………………………… 84
    工程算量 ………………………… 85
    工程计价 ………………………… 86
    任务检查 ………………………… 87
    任务评价 ………………………… 88

    素养提升 ………………………… 88
    以赛促学 ………………………… 88

任务十 幕墙 ……………………… **89**

    教与学 …………………………… 89
    标准规范 ………………………… 90
    任务描述 ………………………… 91
    识图分析 ………………………… 93
    预算列项 ………………………… 94
    工程算量 ………………………… 94
    工程计价 ………………………… 95
    任务检查 ………………………… 97
    任务评价 ………………………… 98
    素养提升 ………………………… 98
    以赛促学 ………………………… 98

任务十一 天棚抹灰 ……………… **99**

    教与学 …………………………… 99
    标准规范 ………………………… 100
    任务描述 ………………………… 101
    识图分析 ………………………… 102
    预算列项 ………………………… 103
    工程算量 ………………………… 103

Contents

工程计价……………………………105
任务检查……………………………107
任务评价……………………………107
素养提升……………………………108
以赛促学……………………………108

任务十二　天棚吊顶……………109

教与学………………………………109
标准规范……………………………110
任务描述……………………………115
识图分析……………………………116
预算列项……………………………116
工程算量……………………………116
工程计价……………………………117
任务检查……………………………119
任务评价……………………………120
素养提升……………………………120
以赛促学……………………………120

任务十三　灯槽（带）……………121

教与学………………………………121
标准规范……………………………122

任务描述……………………………123
识图分析……………………………124
预算列项……………………………125
工程算量……………………………125
工程计价……………………………126
任务检查……………………………127
任务评价……………………………128
素养提升……………………………129
以赛促学……………………………129

任务十四　全玻自由门……………130

教与学………………………………130
标准规范……………………………131
任务描述……………………………132
识图分析……………………………134
预算列项……………………………134
工程算量……………………………135
工程计价……………………………136
任务检查……………………………138
任务评价……………………………139
素养提升……………………………139
以赛促学……………………………139

Contents

任务十五　窗台板 ⋯⋯⋯⋯⋯⋯ **140**

　　教与学 ⋯⋯⋯⋯⋯⋯⋯⋯⋯⋯ 140

　　标准规范 ⋯⋯⋯⋯⋯⋯⋯⋯⋯ 141

　　任务描述 ⋯⋯⋯⋯⋯⋯⋯⋯⋯ 142

　　识图分析 ⋯⋯⋯⋯⋯⋯⋯⋯⋯ 144

　　预算列项 ⋯⋯⋯⋯⋯⋯⋯⋯⋯ 144

　　工程算量 ⋯⋯⋯⋯⋯⋯⋯⋯⋯ 144

　　工程计价 ⋯⋯⋯⋯⋯⋯⋯⋯⋯ 145

　　任务检查 ⋯⋯⋯⋯⋯⋯⋯⋯⋯ 147

　　任务评价 ⋯⋯⋯⋯⋯⋯⋯⋯⋯ 147

　　素养提升 ⋯⋯⋯⋯⋯⋯⋯⋯⋯ 148

　　以赛促学 ⋯⋯⋯⋯⋯⋯⋯⋯⋯ 148

任务十六　窗帘盒（轨） ⋯⋯⋯ **149**

　　教与学 ⋯⋯⋯⋯⋯⋯⋯⋯⋯⋯ 149

　　标准规范 ⋯⋯⋯⋯⋯⋯⋯⋯⋯ 150

　　任务描述 ⋯⋯⋯⋯⋯⋯⋯⋯⋯ 151

　　识图分析 ⋯⋯⋯⋯⋯⋯⋯⋯⋯ 152

　　预算列项 ⋯⋯⋯⋯⋯⋯⋯⋯⋯ 152

　　工程算量 ⋯⋯⋯⋯⋯⋯⋯⋯⋯ 152

　　工程计价 ⋯⋯⋯⋯⋯⋯⋯⋯⋯ 153

　　任务检查 ⋯⋯⋯⋯⋯⋯⋯⋯⋯ 155

　　任务评价 ⋯⋯⋯⋯⋯⋯⋯⋯⋯ 156

　　素养提升 ⋯⋯⋯⋯⋯⋯⋯⋯⋯ 156

　　以赛促学 ⋯⋯⋯⋯⋯⋯⋯⋯⋯ 156

任务十七　油漆、涂料、裱糊 ⋯⋯ **157**

　　教与学 ⋯⋯⋯⋯⋯⋯⋯⋯⋯⋯ 157

　　标准规范 ⋯⋯⋯⋯⋯⋯⋯⋯⋯ 158

　　任务描述 ⋯⋯⋯⋯⋯⋯⋯⋯⋯ 164

　　识图分析 ⋯⋯⋯⋯⋯⋯⋯⋯⋯ 165

　　预算列项 ⋯⋯⋯⋯⋯⋯⋯⋯⋯ 165

　　工程算量 ⋯⋯⋯⋯⋯⋯⋯⋯⋯ 166

　　工程计价 ⋯⋯⋯⋯⋯⋯⋯⋯⋯ 167

　　任务检查 ⋯⋯⋯⋯⋯⋯⋯⋯⋯ 169

　　任务评价 ⋯⋯⋯⋯⋯⋯⋯⋯⋯ 169

　　素养提升 ⋯⋯⋯⋯⋯⋯⋯⋯⋯ 170

　　以赛促学 ⋯⋯⋯⋯⋯⋯⋯⋯⋯ 170

任务十八　金属旗杆 ⋯⋯⋯⋯⋯ **171**

　　教与学 ⋯⋯⋯⋯⋯⋯⋯⋯⋯⋯ 171

　　标准规范 ⋯⋯⋯⋯⋯⋯⋯⋯⋯ 172

　　任务描述 ⋯⋯⋯⋯⋯⋯⋯⋯⋯ 172

　　识图分析 ⋯⋯⋯⋯⋯⋯⋯⋯⋯ 176

　　预算列项 ⋯⋯⋯⋯⋯⋯⋯⋯⋯ 176

Contents

工程算量 …………………………… 176

工程计价 …………………………… 177

任务检查 …………………………… 179

任务评价 …………………………… 179

素养提升 …………………………… 180

以赛促学 …………………………… 180

任务十九　玻璃雨篷 …………… 181

教与学 ……………………………… 181

标准规范 …………………………… 182

任务描述 …………………………… 183

识图分析 …………………………… 184

预算列项 …………………………… 184

工程算量 …………………………… 184

工程计价 …………………………… 185

任务检查 …………………………… 187

任务评价 …………………………… 188

素养提升 …………………………… 188

以赛促学 …………………………… 188

任务二十　招牌、灯箱 ………… 189

教与学 ……………………………… 189

标准规范 …………………………… 190

任务描述 …………………………… 191

识图分析 …………………………… 192

预算列项 …………………………… 192

工程算量 …………………………… 192

工程计价 …………………………… 194

任务检查 …………………………… 196

任务评价 …………………………… 196

素养提升 …………………………… 197

以赛促学 …………………………… 197

参考文献 ………………………… 198

任务一　装饰预算岗位认识

🔶 知识目标

（1）了解装饰预算岗位要求。
（2）了解装饰预算工作流程。
（3）掌握装饰预算规范和标准。

🔶 能力目标

（1）能够进行装饰工程的项目划分。
（2）能够掌握装饰预算与土建预算的区别。

🔶 素质目标

（1）以实际案例引入工程造价咨询规程，帮助学生树立标准与规范意识。
（2）通过初装修与二次装修对比，培养学生用辩证法思考问题。

🎯 教与学

知识准备

请同学们先根据教师截图转发的猎聘网上的两则不同地区装饰预算员的招聘信息（图 1-1 和图 1-2）分析装饰预算岗位职责要求及装饰预算工作流程。

装修预算员　10~15k

上海　　　5-10年　　大专

岗位职责：
1. 负责项目的装修装饰工程清单编制工作；
2. 能够熟悉掌握国家的法律法规及有关工程造价的管理规定，精通本专业理论知识；
3. 熟悉工程图纸，对工程合约及图纸进行审核，掌握工程预算定额及有关政策规定做好工程成本核算，为正确编制和审核预算奠定基础；
4. 熟练掌握工程造价控制工作原则和方法，能独立进行工程造价以及成本分析工作；
5. 参与工程项目投标报价、工程开工预算以及工程完工预决算的工作；
6. 熟悉施工现场，了解工程合同和协议书，配合项目人员做好每个阶段的施工预算，及时向公司领导反应工程经济运行情况；
7. 熟悉装饰工程施工项目的工艺做法，掌握现行材料价格的变化和工程造价的变化趋势；
8. 参加图纸会审和技术交底工作，依据其记录进行预算调整，就工程成本管理及时向项目总监提供建议；
9. 参与在建工程的施工预算和竣工决算工作，协助财务部对工程款项的成本进行核算。

任职要求：
1. 专科及以上学历，工程预决算、工程造价、室内装饰或其他相关专业；
2. 5年以上装饰装修造价经验，工作认真有责任心，有较强的适应能力；
3. 熟悉项目的全过程造价管理，包括前期的估算编制、施工图预算编制、招标文件的编制和相关流程的审核，合同文件的编制及管理、中期的工程变更的审核、设计变更的评估、付款审核、后期竣工结算的编制及审核，以及后期资料的整理等全部工作内容；
4. 熟练运用预算定额、工程量清单及工程概预算应用，熟练掌握Office办公软件，能运用Auto-CAD软件进行基本制图；
5. 有良好的沟通协调能力和综合专业能力，职业道德良好，条理清晰；
6. 有预算员证，造价工程师证者优先考虑。

工作地点：根据装修项目安排。

图 1-1　装饰预算员的招聘信息（一）

装修预算员　　5~8k·13薪

福州　　　　3-5年　　大专

岗位职责：

1. 独立编制工程项目概算、预算、结算资料，掌握常用定额，了解人工费、材料市场价格，并提供合理的成本变更建议。

2. 根据设计图纸等相关资料进行工程量计算，分析工程造价组成并编制标底。

3. 全面掌握施工合同条款，深入现场了解施工情况，跟踪项目施工过程中的成本控制、签证及内外部核算工作。

4. 跟踪分析合同执行情况，审核相关条款，工程竣工验收后，及时进行竣工工程的决算工作。

5. 完成工程造价的经济分析，及时完成工程决算资料的归档。

6. 完成领导交办的其他工作。

任职要求：

1. 大学专科及以上学历，建筑工程造价、工程管理等相关专业。

2. 3年以上装修行业预结算等相关工作经验；需正确计算工程量，能独立完成工程报价。

3. 熟练使用CAD，具备阅图和基本结构设计能力，熟练运用海迈、晨曦、广联达报价软件。

4. 熟悉装修工程施工工艺，具有一定的现场施工经验和较强的成本管控意识，有团队合作精神，责任心强。

图1-2　装饰预算员的招聘信息（二）

问题讨论

（1）位于不同地区的不同单位对装饰预算员的岗位要求有一定的区别，但对于一些岗位的要求是共性的，通过仔细分析上述招聘信息，你能找出哪些要求是共性的吗？

_____
_____
_____

（2）通过查阅上述招聘信息，结合所学知识，你明白学习装饰预算之前要具备哪些专业基础知识吗？

_____
_____
_____

素质引申

对比上述两则招聘信息中关于任职的要求后，你知道装饰预算员需要具备哪些职业素养要求吗？

_____
_____
_____

标准规范

分析上述两则招聘信息中描述的岗位职责和任职要求，不难看出，装饰预算员需要掌握《建设工程工程量清单计价规范》（GB 50500—2013）（以下简称《清单计价规范》）和 9 本工程量计算规范、《江西省房屋建筑与装饰工程消耗量定额及统一基价表（2017 年）》（以下简称《江西预算定额》）、《江西省建筑与装饰、通用安装、市政工程费用定额（2017 年）》（以下简称《江西费用定额》），本地主材材料价格信息及建设工程造价咨询规范等。

1. 清单计价规范（请扫描二维码观看）

2. 江西预算定额（请扫描二维码观看）

3. 江西费用定额（请扫描二维码观看）

4. 本地主材价格信息（请扫描二维码观看）

5. 建设工程造价咨询规范（请扫描二维码观看）

问题讨论

你知道预算报告的打印装订规范吗？如果不知道，请在教师指导示范下按报告规范打印装订一份成果报告。

🎯 任务描述

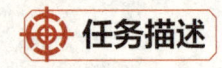

根据某游客中心装修施工图，现需要结合江西最新预算规范标准，分析该装饰预算的分部组成。

任务引导

问题1：根据《江西预算定额》，本装修项目可以划分为哪些分部工程？
_____
_____
_____

问题2：根据《清单计价规范》，本装修项目可以划分为哪些分部工程？
_____
_____
_____

问题3：根据装饰工程预算内容组成及建设工程造价咨询规范，你能否将装饰工程预算工作流程与要求编制成一首朗朗上口的口诀，并让大家分享，看谁的口诀编的水平高？
_____
_____
_____

🎯 识图分析

1. 图纸通读要求

本次预算任务对象是通读本工程施工图，通读图纸是指按图纸目录顺序以较快的速度把整套工程图纸识读一遍。通读重点在了解本工程内容的全貌，以求获得一个完整的印象，取得"全景鸟瞰"的效果。在通读图纸过程中，不要在单个工程部位或细部节点上浪费太多时间，如果遇到一些看不懂或不理解的地方，可以暂时放一放，待算量精读图纸时逐步解决。另一个重点任务是在教师指导下通过识读图例和填充图案识别装饰材质。

2. 图纸通读步骤

图纸通读步骤：设计说明→平面布置图→立面图→天棚平面图→剖面图→节点大样图。

在设计说明可以查看工程概况、工程所用材质规格及施工工艺做法要求。俗话说，一分钱一分货，质优者价高。因此，在装饰工程预算实践中，要特别注意材质规格。另外，慢工出细活，细活花费高。因此，施工工序做法直接关系装修材料分项组成和价格组成，具体内容将在各分部分项计量和计价中进行详解。

🎯 预算列项

1. 清单列项

根据《清单计价规范》的要求，清单列项应参照计算规范的清单指引，采用树形结构分解方法，从主干至支干再到细枝，首先将整个项目逐层分解为众多分部分项工程子目，再对各分项工程子目详细计量和计价，然后反向汇总为整个项目的分部分项工程费，最后根据取费程序计算出规费和税金后汇总为工程总造价。另外，清单列项要特别注意项目特征的完整性和准确性，项目特征要全面准确反映图纸设计要求，业主或建设单位有特殊要求的也要反映到项目特征或清单编制说明中，作为图纸设计的补充或明细。

分部分项工程量清单的项目编码，应采用前十二位阿拉伯数字表示，一至九位应按计算规范的规定设置，十至十二位应根据拟建工程的工程量清单项目名称设置，同一招标工程的项目编码不得有重码。补充项目的编码由《清单计价规范》的代码01与B和三位阿拉伯数字组成，并应从01B001起顺序编制，同一招标工程的项目不得重码。

2. 定额列项分析

根据清单项目特征与定额对应关系，列出各清单所对应的定额子目，具体详见各分部分项子目的介绍。特别注意的是，定额列项要与清单项目特征及施工工艺要求来列。

问题讨论

请对照所给图纸，判断本项目是属于改造项目还是新建项目，再分析新建项目与改造项目预算的区别。

_____

_____

◎ 工程算量

1. 算量方法

根据《清单计价规范》的要求，分部分项工程量清单工程量应参照计算规范中对应的清单规则计算，而分部分项工程量定额应参照《江西预算定额》附录中对应的定额规则计算。

问题讨论

(1) 上述清单规则与定额规则有什么区别？

_____

_____

(2) 分部分项清单与定额的关系是什么？

_____

_____

2. 工程量计算结果有效位数确定

(1) 以"t"为单位，应保留小数点后三位数字时，第四位小数四舍五入；

(2) 以"m、m^2、m^3、kg"为单位时，应保留小数点后两位数字，第三位小数四舍五入；

(3) 以"个、件、根、组、系统"为单位时，应取整数。

◎ 工程计价

1. 定额套用

定额套用常用的方法有直接套用定额和定额换算两种。具体操作详见预算定额课程。特别提示：定额的直接套用只适用于施工图设计要求与定额项目内容完全一致时，而定额换算须根据定额的分部说明或附注规定实施。

问题讨论

假如没有定额可套用,应怎样对相关项目进行计价?

2. 人工、材料调差

(1) 人工调差是指定额基价中的工日单价与预算时的工日单价之差。因为人工工资、物价浮动等市场因素导致定额基价取定的工日单价与各省、区、市建设主管部门新发布的工日单价不同,因此需要对两者的差额进行调整。具体来说,做预算时当地省、区、市发布的最新工日单价替代定额基价中的工日单价。这里所说各省、区、市建设主管部门新发布的工日单价一般是以政策文件形式发布的。

(2) 材料调差与人工调差类似,两者区别在于材料预算价一般是以当地的主要材料价格信息形式发布的。

问题讨论

工日单价政策文件和主要材料价格信息形式上有什么区别?是不是所有人材机都要调整价差?

3. 工程取费程序

根据《清单计价规范》的要求,清单工程造价应参照《清单计价规范》规定的清单计价取费程序计算,而定额工程造价应参照《江西费用定额》规定的定额计价取费程序计算。

(1) 清单计价取费程序(请扫描二维码观看)。

(2) 定额计价取费程序(请扫描二维码观看)。

问题讨论

(1) 使用营改增计税方法时,销项税和进项税的含义是什么,在取费程序中如何体现?

（2）计价程序中的税金如何根据工程所在地不同进行取定？

_____

_____

🎯 任务检查

在完成上述预算知识学习后，需针对所学知识掌握情况进行检查，并根据检查情况填写自查表（表1-1）。

表1-1 自查表

序号	检查项目	检查内容	检查结果（无误填"√"，有误填"×"并加以整改）
1	施工图识读	检查识读步骤、通过图例或图案填充识别材质等方面	
2	工程量列项	检查根据树型结构方法和清单、定额指引分解清单和定额子目	
3	清单编制	检查对清单编制规范及所列清单须与图纸设计吻合掌握情况	
4	定额套用	检查对定额套用特别是定额补充或估价方法的掌握情况，以及所套定额与清单项目特征以及图纸设计吻合掌握情况	
5	综合取费	检查包括清单与定额计价程序和税金选取方法掌握情况	

🎯 任务评价

在完成各项预算任务后，需要根据完成的准确性、时效性、完整性和规范性进行自我评价、小组评价和教师评价，并填写评价表（表1-2）。

表1-2 评价表

序号	评价内容		自我评价	小组评价	教师评价
1	识图正确性（50分）	如发现以下几类错误扣分（各类问题每发现1处扣5分，扣完为止）：(1) 漏读图纸；(2) 看错图纸信息；(3) 其他错误			
2	识图及时性（20分）	在规定时间内完成得满分（20分），未按期完成识图任务的每延期2 min扣1分			
3	列项完整性（20分）	预算列项要求包括清单项目（是否符合图纸设计以及业主要求等）、定额列项（是否符合图纸设计、清单项目特征、施工工艺要求等），每错误一处扣4分，直至扣完为止			
4	预算规范性（10分）	预算报告格式排版要求规范，具体工程造价咨询规程要求。发现不规范的每一处扣2分，扣完为止			
5	预算评价分	1~4项合计（满分100分）			

素养提升

赵充国是西汉时期的人，被汉宣帝任命为后将军。

有一次，他奉宣帝之命去西北地区平定叛乱。到了那里，他根据实际情况，决定采取招安的方法平叛。事实证明，他的做法是对的。可是没过多久，宣帝下达了限时全面攻打叛军的命令。赵充国很矛盾，不知道怎么办才好。他的儿子劝他遵从皇帝的旨意，以免引来杀身之祸。

以前，赵充国曾向宣帝建议让酒泉太守辛武贤去驻守西北边境，但宣帝采纳了丞相的建议，改派不懂军事的光禄大夫义渠安国前去，结果被匈奴打得大败。

后来，赵充国又向皇帝建议趁谷粮的价格低，收购 300 万石储存起来，以充实军需。而皇帝只下令收购 40 万石，后又被义渠安国浪费了许多。正是由于做错了这两件事，才导致叛乱的发生。

赵充国想到这些，说："真是'一丝一毫的差错会得出相差千里的不同结果！'啊！如今战事未停，危机四伏，我一定要用正确的主张扭转这个局面。"于是，他便将撤兵屯田的主张上奏朝廷。

宣帝最终接受了他的建议，改用招抚政策，平定了叛乱。

（题材源于木子 漳州亲子旅行）

课外作业

根据上述题材，你可以用一个成语概括该典故的寓意吗？该典故可以给我们做预算带来什么启示？

以赛促学

请同学们根据教师提供的一段包括加、减、乘、除、乘方、开方及简单三角函数的计算式，在规定时间内用计算器计算出最后的结果，看谁用时最短且能保证准确度。

任务二　整体面层

🔸 知识目标
(1) 了解整体面层的构造。
(2) 了解整体面层施工流程。
(3) 掌握整体面层工程量计算规则。

🔸 能力目标
(1) 能够掌握整体面层的施工图组成。
(2) 能够掌握整体面层计量、计价及取费方法。

🔸 素质目标
(1) 整体面层构造层次相互影响的系统思维，帮助学生树立社会主义核心价值观。
(2) 培养"造价人"所需的责任意识、规范意识和工匠精神。

◎ 教与学

知识准备

课前根据教师布置的任务，在课前复习以前所学房屋建筑学、施工技术课程所学的整体面层的构造知识和施工流程，并根据图 2-1 分析现浇水磨石楼面的构造组成及所用材料。

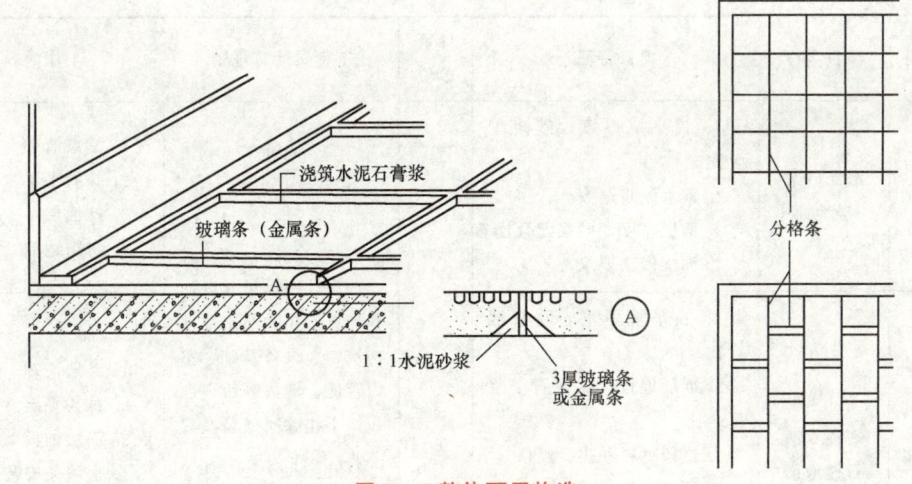

图 2-1　整体面层构造

问题讨论

(1) 本水磨石地面构造层为什么要做得这么复杂？每一层起什么作用？各层次之间有什么影响？

_____

_____

(2) 讨论水磨石地面构造层组成分析对水磨石地面预算有什么影响？

_____
_____
_____

(3) 讨论普通水磨石与彩色水磨石地面有什么区别？

_____
_____
_____

素质引申
水磨石地面构造层之间的关系，对我们待人接物有什么提示？

_____
_____

标准规范

1. 水磨石楼地面清单指引

整体面层及找平层工程量清单项目的设置、项目特征描述的内容、计量单位及工程量计算规则应按表 2-1 的规定执行。

表 2-1 整体面层及找平层（编码：011101）

项目编码	项目名称	项目特征	计量单位	工程量计算规则	工作内容
011101001	水泥砂浆楼地面	1. 找平层厚度、砂浆配合比 2. 素水泥浆遍数 3. 面层厚度、砂浆配合比 4. 面层做法要求	m²	按设计图示尺寸以面积计算。扣除凸出地面构筑物、设备基础、室内管道、地沟等所占面积，不扣除间壁墙及≤0.3 m²柱、垛、附墙烟囱及孔洞所占面积。门洞、空圈、暖气包槽、壁龛的开口部分不增加面积	1. 基层清理 2. 抹找平层 3. 抹面层 4. 材料运输
011101002	现浇水磨石楼地面	1. 找平层厚度、砂浆配合比 2. 面层厚度、水泥石子浆配合比 3. 嵌条材料种类、规格 4. 石子种类、规格、颜色 5. 颜料种类、颜色 6. 图案要求 7. 磨光、酸洗、打蜡要求			1. 基层清理 2. 抹找平层 3. 面层铺设 4. 嵌缝条安装 5. 磨光、酸洗打蜡 6. 材料运输
011101003	细石混凝土楼地面	1. 找平层厚度、砂浆配合比 2. 面层厚度、混凝土强度等级			1. 基层清理 2. 抹找平层 3. 面层铺设 4. 材料运输

续表

项目编码	项目名称	项目特征	计量单位	工程量计算规则	工作内容
011101004	菱苦土楼地面	1. 找平层厚度、砂浆配合比 2. 面层厚度 3. 打蜡要求	m²	按设计图示尺寸以面积计算。扣除凸出地面构筑物、设备基础、室内管道、地沟等所占面积，不扣除间壁墙及≤0.3 m²柱、垛、附墙烟囱及孔洞所占面积。门洞、空圈、暖气包槽、壁龛的开口部分不增加面积	1. 基层清理 2. 抹找平层 3. 面层铺设 4. 打蜡 5. 材料运输
011101005	自流坪楼地面	1. 找平层砂浆配合比、厚度 2. 界面剂材料种类 3. 中层漆材料种类、厚度 4. 面漆材料种类、厚度 5. 面层材料种类			1. 基层处理 2. 抹找平层 3. 涂界面剂 4. 涂刷中层漆 5. 打磨、吸尘 6. 镘自流平面漆（浆） 7. 拌合自流平浆料 8. 铺面层
011101006	平面砂浆找平层	找平层厚度、砂浆配合比		按设计图示尺寸以面积计算	1. 基层清理 2. 抹找平层 3. 材料运输

注：①水泥砂浆面层处理是拉毛还是提浆压光应在面层做法要求中描述。
②平面砂浆找平层只适用于仅做找平层的平面抹灰。
③间壁墙指墙厚≤120 mm 的墙

2. 水磨石楼地面预算定额指引

水磨石楼地面预算定额指引如图 2-2 所示。

```
[4-93] 灰土/10m3/1572.35
[4-94] 三合土/10m3/1775.34
[4-95] 砂/10m3/1006.95
[4-96] 砂石 人工级配/10m3/1426.76
[4-97] 砂石 天然级配/10m3/1347.12
[4-98] 毛石 干铺/10m3/1783.73
[4-99] 毛石 灌浆/10m3/3240.42
[4-100] 碎砖 干铺/10m3/1003.95
[4-101] 碎砖 灌浆/10m3/2130.15
[4-102] 碎石 干铺/10m3/1587.16
[4-103] 碎石 灌浆/10m3/2935.98
[4-104] 炉(矿)渣 干铺/10m3/603.23
[4-105] 炉(矿)渣 水泥石灰拌和/10m3/2115.25
[4-106] 炉(矿)渣 石灰拌和/10m3/1986.94
[5-1] 垫层/10m3/3006.05
[11-11] 水磨石楼地面 带嵌条 15mm/100m2/6384.51
[11-12] 水磨石楼地面 带嵌条分色 15mm/100m2/7471.23
[11-13] 彩色镜面水磨石楼地面 带嵌条 20mm/100m2/10310.03
[11-14] 彩色镜面水磨石楼地面 带嵌条分色 20mm/100m2/11701.83
[11-15] 水磨石楼地面 每增减1mm/100m2/70.61
[11-68] 楼地面嵌金属分隔条 水磨石铜嵌条 2×12/100m/832.00
```

图 2-2 水磨石楼地面预算定额指引

3. 水磨石楼地面相关主材价格信息样例（请扫描二维码观看）

问题讨论
分格嵌条起什么作用？
___
___
___

任务描述

根据某高校实训楼施工图，实训室楼地面为现浇普通水磨石地面。普通水磨石楼地面做法详见赣 03J001-16-21、赣 03J001-41-9，现要求分组完成一、二层实训室楼地面的清单及预算编制。

任务引导
问题1：大家知道怎样查阅上述水磨石地面的做法标准图集吗？是否需要教师来演示？
___
___
___
___

问题2：在垫层、找平层相同的情况下，水磨石面层与水泥地面哪个更好？这两种地面对比哪一种成本更高，为什么？
___
___
___
___
___

问题3：在日常生活的环境中，你在哪些地方见过水磨石地面？你见到的水磨石地面与任务中的水磨石地面有什么区别？
___
___
___
___

识图分析

1. 图纸识读要求

本次预算任务对象是计算所给图纸中的水磨石楼地面（需要区分楼面和地面）。

2. 图纸识读步骤

图纸识读步骤：设计说明→平面布置图→查看装修做法表明确水磨石做法。图纸分析请扫描右侧二维码查看图纸识读具体方法和步骤。

预算列项

1. 清单列项

根据清单指引，本任务所对应的工程量清单子目是现浇水磨石楼地面。

2. 定额列项分析

根据清单项目特征与定额对应关系，列出现浇水磨石楼地面套用定额子目。

问题讨论

本任务清单项目特征与定额的关系是如何对应的？

_____

_____

_____

工程算量

1. 计算规则

（1）清单工程量计算规则。整体面层楼地面按设计图示尺寸以面积计算。扣除凸出地面构筑物、设备基础、室内管道、地沟等所占面积，不扣除间壁墙及≤0.3 m² 柱、垛、附墙烟囱及孔洞所占面积。门洞、空圈、暖气包槽、壁龛的开口部分不增加面积。

（2）定额工程量计算规则。楼地面找平层及整体面层按设计图示尺寸以面积计算。扣除凸出地面构筑物、设备基础、室内管道、地沟等所占面积，不扣除间壁墙及单个面积≤0.3 m² 柱、垛、附墙烟囱及孔洞所占面积。门洞、空圈、暖气包槽、壁龛的开口部分不增加面积。

2. 算量方法

（1）垫层计算。本任务中的垫层为60 mm厚C15混凝土垫层。根据清单与定额计算规则，垫层均按体积计算，因此，需要先计算垫层所占面积（主墙间净面积）之后乘以相应的厚度，得出其体积。

（2）找平层计算。本任务中的找平层为20 mm厚1∶3水泥砂浆水泥浆（含水泥浆一道内掺建筑胶）。根据清单与定额计算规则，找平层按主墙间净面积计算。

（3）面层计算。本任务中的面层为10 mm厚1∶2.5（水泥∶石粒）水磨石本色面层，属于整体面层。根据清单与定额计算规则，整体面层按主墙间净面积计算。根据上述找平层计算论述，整体面层计算方法与找平层相同，因此，两者工程量相等。

（4）分格嵌条计算。本任务中的分格嵌条为3 mm厚玻璃嵌条800 mm×800 mm分格。根据清单与定额计算规则，分格嵌条按设计图示尺寸以"延长米"计算。

3. 算量过程

现以上述水磨石地面为例进行工程量计算,具体见表 2-2。

表 2-2 工程计量单

楼层	轴号、房间名	项目名称或材料名称	单位	计算公式	工程量
1	制造中心车间	现浇水磨石地面面层	m²	(83.19−0.1)×(12.95−0.2)−10.025×0.5	1 054.39
		找平层	m²	同面层	1 054.39
		垫层	m³	1 054.39×0.06	63.26
2	砂轮房	现浇水磨石地面	m²	(7.5−0.2)×(3.9−0.2)	27.01
		找平层	m²	同面层	27.01
		垫层	m³	27.01×0.06	1.62
3	小计	现浇水磨石地面面层	m²	1 054.39+27.01	1 081.40
		找平层	m²	同面层	1 081.40
		垫层	m³	63.26+1.62	64.88

4. 工程量清单编制

工程量清单编制的难点在于准确、完整填写项目特征,项目特征须参照清单指引结合图纸设计完整填写(表 2-3)。

表 2-3 清单与计价表

序号	项目编码	项目名称	项目特征描述	计量单位	工程量	金额/元 综合单价	合价	其中 暂估价
		分部分项工程费						
1	011101002001	现浇水磨石楼地面	1. 10 mm 厚 1∶2.5(水泥∶石粒)水磨石本色面层,涂草酸,上蜡,面层分格条 800 mm 方格,(分格条采用 3 mm 厚玻璃嵌条 800 mm×800 mm 分格) 2. 20 mm 厚 1∶3 水泥砂浆结合层 3. 水泥浆一道(内掺建筑胶) 4. 60 mm 厚 C15 混凝土垫层 5. 素土夯实,夯实系数≥0.93(另计)	m²	1 081.400			

问题讨论

(1) 本项目清单编码是怎样编制的？项目名称为什么要这样写？

_____

_____

_____

(2) 本任务清单工程量是怎样计算出来的？

_____

_____

_____

工程计价

1. 定额套用

以《江西预算定额》为例，定额套用详见表 2-4，具体套用定额方法请扫描右侧二维码。

表 2-4 定额套用表

序号	定额编号	项目名称	单位	工程量	单价/元 单价	单价/元 工资	总价/元 总价	总价/元 工资
1	5−1	现浇混凝土 垫层	10 m³	6.488	3 006.03	314.67	19 503.12	2 041.58
2	11−1 换	平面砂浆找平层 混凝土或硬基层上 20 mm 要求刷素水泥浆 现拌砂浆 换：水泥砂浆 1:3	100 m²	10.814	1 316.05	856.22	14 231.76	9 259.16
3	11−11+11−15×(−5) 换	水磨石楼地面 带嵌条 15 mm 厚度（mm）：10 换：水泥白石子浆 1:2.5	100 m²	10.814	6 001.58	4 785.98	64 901.09	51 755.59

问题讨论

普通水磨石与彩色水磨石计价有什么区别？

_____

_____

_____

2. 定额费用合计

根据定额分项专业归属关系，垫层属于土建专业中的"混凝土和钢筋混凝土工程"，找平层、面层及分隔条则属于装饰专业中的"楼地面装饰工程"。因此，在第3步定额套价基础上，汇总出土建和装饰工程定额费用（表2-5）。

表2-5 定额取费表

序号	定额编号	项目名称	定额费小计/元 总价	定额费小计/元 工资	专业归属	备注
1	5—1	现浇混凝土 垫层	19 503.12	2 041.58	土建	
2	11—1 换	平面砂浆找平层 混凝土或硬基层上 20 mm 要求刷素水泥浆 现拌砂浆 换：水泥砂浆 1∶3	14 231.76	9 259.16	装饰	定额费用数据来源为表2-3
3	11—11+11—15×(—5) 换	水磨石楼地面 带嵌条 15 mm 厚度（mm）：10 换：水泥白石子浆 1∶2.5	64 901.09	51 755.59	装饰	
4		土建专业定额费小计（1）	19 503.12	2 041.58		
5		装饰专业定额费小计（2+3）	79 132.85	61 014.75		

问题讨论

本任务定额费为什么要分专业汇总？

_____

_____

_____

_____

3. 综合单价计算

根据《江西费用定额》，在分专业定额费用基础上计取企业管理费和利润并汇总出土建装饰费用合计，再根据清单工程量计算出清单综合单价（表2-6）。

表2-6 清单综合单价计算表

序号	定额编号	项目名称	单位	费用/元 定额费用	其中：人工费
一		土建定额费用	元	19 503.12	2 041.58
二		企业管理费	人工费×(23.29%+1.84%) 元	513.05	
三		利润	人工费×15.99% 元	326.45	
四		土建总费用	一+二+三 元	20 342.62	
五		装饰定额费用		元	79 132.85	61 014.75
六		企业管理费	人工费×(10.05%+0.83%) 元	6 638.40	
七		利润	人工费×7.41% 元	4 521.19	

续表

序号	定额编号	项目名称	单位	费用/元	
				定额费用	其中：人工费
八	装饰总费用	五+六+七	元	90 292.44	
九	土建装饰合计		元	110 635.07	
十	清单工程量		m²	1 081.40	
十一	综合单价	九÷十	元/m²	102.31	

问题讨论

计算本任务综合单价时，为什么要土建和装饰分别取计算费用？

_____
_____
_____
_____
_____

任务检查

在完成上述预算任务后，需要针对施工图识读、工程量计算、清单编制、定额套用及综合取费进行检查，并根据检查情况填写自查表（表2-7）。

表2-7 自查表

序号	检查项目	检查内容	检查结果（无误填"√"，有误填"×"并加以整改）
1	施工图识读	主要检查构造做法、材质规格及预算范围等方面	
2	工程量计算	检查主要包括计算单位、计算方法和计算结果等方面	
3	清单编制	检查主要包括清单编码、项目名称、项目特征、计量单位和工程量填写等方面	
4	定额套用	检查主要包括定额选用、定额换算、材质规格、定额工程量是否对应项目特征（或图纸说明）、工程量等方面	
5	综合取费	检查主要包括定额费用项目是否有遗漏、计算程序和计算费率是否符合《江西费用定额》的规定、计算结果是否有错误三个方面	

任务评价

在完成各项预算任务后，需要根据完成的准确性、时效性、完整性和规范性进行自我评价、小组评价和教师评价，并填写评价表（表2-8）。

表 2-8　评价表

序号	评价内容		自我评价	小组评价	教师评价
1	预算准确性（50分）	如发现以下几类错误扣分（各类问题每发现1处扣5分，扣完为止）：(1) 工程量计算规则的选用错误；(2) 工程量计算错误；(3) 错套定额；(4) 未按照有关规定取费；(5) 总造价汇总错误；(6) 项目特征描述错误；(7) 其他错误			
2	预算及时性（20分）	在规定时间内完成得满分（20分），未按期完成工作任务的每延期2 min扣1分			
3	预算完整性（20分）	预算成果应包括工程计量单、清单与计价表、定额套用表、定额取费表、清单综合单价计算表（是否符合基本建设程序、是否超出项目概算、合同价及超出的原因等）、审核定案表，每遗漏一张表扣4分，直至扣完为止			
4	预算规范性（10分）	预算报告要求格式规范，具体包括计算单位、定额编号、清单编码、计量单位、小数点取舍等都须严格按规范要求。发现不规范的每一处扣2分，扣完为止			
5	预算评价分	1~4项合计（满分100分）			

素养提升

水磨石地面的由来

水磨石的起源可以追溯到16世纪的威尼斯，工匠们把装修剩下的大理石边角料带回家中，随意镶嵌在院子里，经过简单处理后即取得了意想不到的效果。

清末，水磨石技术漂洋过海来到中国。

20世纪60年代：中国第一条地铁北京1号线，其站台地面就大量使用了水磨石地面。

20世纪80年代：高级一点的房间里地面会铺上水磨石，视觉装饰效果比单纯的水泥地面高级。

20世纪80年代后期：水磨石已经广为流传，常见的灰白色和红红绿绿又光滑的地板，是学校、医院楼道的标配，生活中几乎随处可见。

……

随着材料和工艺的进步，现代水磨石呈现出丰富的色彩和图案，材质、纹理、造型皆随设计而变，而且表面硬度、亮度、耐磨度都得到较大的提升，内外兼修，在各种工业、商业空间、居家住宅、家具、饰品和灯具、个性定制等区域，都有它的身影，实质成为当仁不让的时尚宠儿。

由水磨石地面的由来及发展史，你想到了什么？

课外作业

请参照现浇水磨石地面计价方法，尝试完成水泥地面的计价。

以赛促学

相关赛题参见全国职业院校技能大赛官网（http://www.nvsc.com.cn/sqbz-mj/）。

任务三　块料楼地面层

知识目标

(1) 了解块料类型及选用。
(2) 了解块料面层施工流程。
(3) 掌握块料面层工程量计算规则。

能力目标

(1) 能够掌握块料面层的施工图组成。
(2) 能够掌握块料面层计量、计价及取费方法。

素质目标

(1) 从天然装饰块料自然分布出发，培养家国情怀。
(2) 结合块料面层创新，培养学生创新意识。
(3) 以块料使用方法和技巧，培养工匠精神和节约意识。

教与学

知识准备

同一铺贴面上有不同种类、材质、规格的材料，应分别列项预算。天然石材的种类繁多，不同种类价格一般有所区别。同一种类材质的块料楼地面铺贴有通铺、拼花和点缀三种铺贴方案，因工艺复杂程序不同需要分别计算。石材楼地面拼花按成品考虑。镶嵌规格在 100 mm× 100 mm 以内的石材执行点缀项目。

问题讨论

(1) 结合日常生活的场所，如家庭、教室、实习实训室、图书馆及食堂等，你能辨识出多少种楼地面块料？

_____
_____
_____
_____

(2) 讨论不同种类、材质、规格的材料时为什么要分别列项预算。

_____
_____
_____
_____

素质引申

你知道我们国家蕴藏多少天然石材吗？当你知道这个数字之后你有什么感想？

_____

_____

_____

_____

标准规范

1. 石材楼地面清单计价指引

块料面层工程量清单项目的设置、项目特征描述的内容、计量单位及工程量计算规则应按表 3-1 的规定执行。

表 3-1 块料面层（编码：011102）

项目编码	项目名称	项目特征	计量单位	工程量计算规则	工作内容
011102001	石材楼地面	1. 找平层厚度、砂浆配合比 2. 结合层厚度、砂浆配合比 3. 面层材料品种、规格、颜色 4. 嵌缝材料种类 5. 防护层材料种类 6. 酸洗、打蜡要求	m²	按设计图示尺寸以面积计算。门洞、空圈、暖气包槽、壁龛的开口部分并入相应的工程量内	1. 基层清理 2. 抹找平层 3. 面层铺设、磨边 4. 嵌缝 5. 刷防护材料 6. 酸洗、打蜡 7. 材料运输
011102002	碎石材楼地面				
011102003	块料楼地面				

注：①在描述碎石材项目的面层材料特征时可不用描述规格、颜色。
②石材、块料与粘结材料的结合面刷防渗材料的种类在防护层材料种类中描述。
③本表工作内容中的磨边指施工现场磨边，后面章节工作内容中涉及的磨边含义同此。

2. 块料楼地面预算定额指引

块料楼地面预算定额指引如图 3-1 所示。

```
[4-93]  灰土/10m3/1572.35
[4-94]  三合土/10m3/1775.34
[4-95]  砂/10m3/1006.95
[4-96]  砂石 人工级配/10m3/1426.76
[4-97]  砂石 天然级配/10m3/1347.12
[4-98]  毛石 干铺/10m3/1783.73
[4-99]  毛石 灌浆/10m3/3240.42
[4-100] 碎砖 干铺/10m3/1003.95
[4-101] 碎砖 灌浆/10m3/2130.15
[4-102] 碎石 干铺/10m3/1587.16
[4-103] 碎石 灌浆/10m3/2935.98
[4-104] 炉(矿)渣 干铺/10m3/603.23
[4-105] 炉(矿)渣 水泥石灰拌和/10m3/2115.25
[4-106] 炉(矿)渣 石灰拌和/10m3/1986.94
[5-1]   垫层/10m3/3006.03
[11-16] 石材楼地面(每块面积) 0.36m2以内/100m2/18661.36
[11-17] 石材楼地面(每块面积) 0.64m2以内/100m2/20649.61
[11-18] 石材楼地面(每块面积) 0.64m2以外/100m2/25969.77
[11-19] 石材楼地面 拼花/100m2/39806.59
[11-20] 石材楼地面 点缀/100个/9103.29
[11-21] 石材楼地面 碎拼/100m2/39659.14
[11-22] 石材地面精磨/100m2/1716.47
[11-94] 楼地面/100m2/480.53
[11-26] 石材底面刷养护液 光面/100m2/532.25
[11-27] 石材底面刷养护液 麻面/100m2/673.78
[11-28] 石材表面刷保护液/100m2/1147.51
[11-25] 石材 波打线(嵌边)/100m2/30924.51
[11-23] 打胶/100m/489.62
[11-24] 勾缝/100m2/972.94
```

图 3-1 块料楼地面预算定额指引

3. 天然石材统一编号（GB/T 17670—2008）（请扫描二维码观看）

4. 块料材价格信息样例（请扫描二维码观看）

现场认识

结合常见生活中的石材地面辨识石材的具体种类。

_____

_____

_____

_____

任务描述

已知某大厅石材楼面铺贴图如图 3-2 所示,石材楼面做法详赣 03J001－43－楼 14（表 3-2）。又知爵士白材料市场价为 460 元/m², 金花米黄为 480 元/m², 西施红为 420 元/m², 汉白玉为 650 元/m², 孔雀绿为 260 元/m²。设其余主材市场价与定额价相同。现要求完成石材楼面的清单及预算编制。

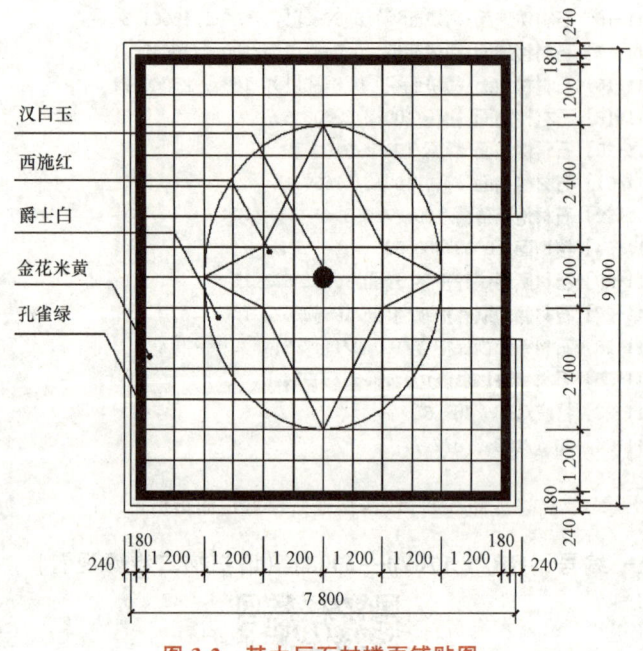

图 3-2 某大厅石材楼面铺贴图

表 3-2 赣 03J001－43－楼 14

编号	名称	做法及说明	备注
楼 14	大理石楼面（磨光花岗石）	1. 20 厚大理石或磨光花岗石面层,用素水泥浆或白水泥浆填缝; 2. 刷素水泥浆一道; 3. 30 厚 1:2 水泥砂浆结合层; 4. 刷素水泥浆一道; 5. 15 厚 1:3 水泥砂浆找平层; 6. 钢筋混凝土楼板	1. 适用于有较高清洁要求的高标准房间,其地面耐磨防滑,不易起尘; 2. 大理石或磨光花岗石规格一般为 400 mm×400 mm×20 mm, 其他规格及颜色由甲项设计定; 3. 缝宽<1

任务引导

问题1：不同用途房间对块料的性能规格要求也不同，根据日常生活感受，分享你对该问题的理解。

_____

_____

_____

_____

问题2：块料地面与水磨石地面的构造层次和施工工艺有什么区别？

_____

_____

_____

_____

问题3：在基层相同的情况，块料面层与水泥砂浆面层相比，哪一种楼地面成本更高？同一材质的块料，是规格大还是规格小的单价更高？

_____

_____

_____

_____

识图分析

1. 图纸识读要求

本次预算任务识读重点是分析清楚所给图纸中的石材楼面图案组成。

2. 图纸识读步骤

图纸识读步骤：设计说明→楼面铺贴或平面布置图→铺贴大样或做法图。

特别提示：在装修施工图中，一般可以根据楼地面块料铺贴图案填充及材质索引可以清晰识读出楼地面所用块料材质。一般相同材质的块料所用填充图案或纹理是相同的。

预算列项

1. 清单列项

根据清单指引，本任务所对应的工程量清单子目是石材楼地面。

2. 定额列项分析

根据清单项目特征与定额对应关系，列出石材楼地面套用定额子目。

问题讨论

从节省材料角度出发，应该如何切割出各图案的块料？

工程算量

1. 计算规则

（1）清单工程量计算规则。块料面层楼地面按设计图示尺寸以面积计算（又称为实铺面积）。门洞、空圈、暖气包槽、壁龛的开口部分并入相应的工程量内。

（2）定额工程量计算规则。块料面层、橡塑面层及其他材料面层按设计图示尺寸以面积计算（又称为实铺面积）。门洞、空圈、暖气包槽、壁龛的开口部分并入相应的工程量内。石材拼花按最大外围尺寸以矩形面积计算。有拼花的石材地面，按设计图示尺寸扣除拼花的最大外围矩形面积计算面积。点缀按"个"计算，计算主体铺贴地面面积时，不扣除点缀所占面积。

2. 算量方法

（1）找平层计算。本任务中的找平层为15 mm厚1∶3水泥砂浆并刷素水泥浆一道。根据清单与定额计算规则，找平层按主墙间净面积计算。

（2）面层计算。根据清单与定额计算规则，块料面层按实铺面积计算。需要注意的是找平层与面层之间的结合层含在面积定额中不另计算。

3. 算量过程

现以上述石材地面为例进行工程量计算，具体见表3-3。

表3-3 工程计量单

楼层	轴号、房间名	项目名称或材料名称	单位	计算公式	工程量
1	大厅	孔雀绿大理石（波打线）	m²	(7.8−0.24−0.18+9−0.24−0.18)×2×0.18	5.75
		金花米黄拼花	m²	0.6×0.6×6×4	8.64
		西施红拼花	m²	2.4×1.2+2.4×2.4/2×2+1.2×1.2/2×2	10.08
		爵士白拼花	m²	0.6×0.6×10×4	14.4
		金花米黄通铺	m²	(7.8−0.24)×(9−0.24)−5.75−8.64−10.08−14.4	27.36
		汉白玉点缀	个	—	1

4. 工程量清单编制

工程量清单编制的难点在于准确、完整填写项目特征，项目特征须参照清单指引结合图纸设计完整填写（表3-4）。

表 3-4 清单与计价表

序号	项目编码	项目名称	项目特征描述	计量单位	工程量	金额/元 综合单价	合价	其中 暂估价
		分部分项工程费						
1	011102001001	石材楼地面	1. 20 mm 厚孔雀绿大理石面层（波打线），用素水泥浆或白水泥浆填缝 2. 刷水泥浆一道 3. 30 mm 厚 1:2 水泥砂浆结合层 4. 刷水泥浆一道 5. 20 mm 厚 1:3 水泥砂浆找平层	m²	5.75			
2	011102001002	石材楼地面	1. 20 mm 厚金花米黄拼花，用素水泥浆或白水泥浆填缝 2. 刷水泥浆一道 3. 30 mm 厚 1:2 水泥砂浆结合层 4. 刷水泥浆一道 5. 20 mm 厚 1:3 水泥砂浆找平层	m²	8.64			
3	011102001003	石材楼地面	1. 20 mm 厚西施红拼花，用素水泥浆或白水泥浆填缝 2. 刷水泥浆一道 3. 30 mm 厚 1:2 水泥砂浆结合层 4. 刷水泥浆一道 5. 20 mm 厚 1:3 水泥砂浆找平层	m²	10.08			
4	011102001004	石材楼地面	1. 20 mm 厚爵士白拼花，用素水泥浆或白水泥浆填缝 2. 刷水泥浆一道 3. 30 mm 厚 1:2 水泥砂浆结合层 4. 刷水泥浆一道 5. 20 mm 厚 1:3 水泥砂浆找平层	m²	14.4			

续表

序号	项目编码	项目名称	项目特征描述	计量单位	工程量	金额/元 综合单价	合价	其中 暂估价
5	011102001005	石材楼地面	1. 20 mm 厚金花米黄通铺，用素水泥浆或白水泥浆填缝 2. 刷水泥浆一道 3. 30 mm 厚 1∶2 水泥砂浆结合层 4. 刷水泥浆一道 5. 20 mm 厚 1∶3 水泥砂浆找平层	m²	27.36			
6	011102001006	石材楼地面	1. 20 mm 厚汉白玉点缀（$D=200$ mm），用素水泥浆或白水泥浆填缝 2. 刷水泥浆一道 3. 30 mm 厚 1∶2 水泥砂浆结合层 4. 刷水泥浆一道 5. 20 mm 厚 1∶3 水泥砂浆找平层	个	1			

问题讨论

(1) 波打线是什么意思？与石材通铺计价有什么区别？

(2) 本任务工程量清单为什么要编制成 6 个项目？

工程计价

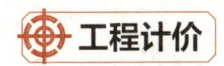

1. 定额套用

参照《江西预算定额》,考虑到篇幅限制,以 20 mm 厚孔雀绿大理石波打线为例,定额套用详见表 3-5,具体套用定额方法请扫描右侧二维码。

表 3-5 定额套用表

序号	定额编号	项目名称	单位	工程量	单价/元 单价	单价/元 工资	总价/元 总价	总价/元 工资
1	11-1 换	平面砂浆找平层 混凝土或硬基层上 20 mm 要求刷素水泥浆 换:水泥砂浆 1:3	100 m²	0.057 5	1 257.66	781.44	72.32	44.93
2	11-25 换	块料面层 石材 波打线(嵌边) 现拌砂浆 换:水泥砂浆 1:2 换:孔雀绿大理石	100 m²	0.057 5	30 823	3 258.82	1 772.32	187.38

问题讨论

孔雀绿大理石市场价对综合单价有什么影响?

_____
_____
_____
_____

2. 定额费用合计

在第 3 步定额套价的基础上,汇总出装饰工程定额费用(表 3-6)。

表 3-6 定额取费表

序号	定额编号	项目名称	定额费小计/元 总价	定额费小计/元 工资	专业归属	备注
1	11-1 换	平面砂浆找平层 混凝土或硬基层上 20 mm 要求刷素水泥浆 换:水泥砂浆 1:3	72.32	44.93	装饰	定额费用数据来源为表 3-5
2	11-25 换	块料面层 石材 波打线(嵌边) 现拌砂浆 换:水泥砂浆 1:2 换:孔雀绿大理石	1 772.32	187.38		
3	装饰专业定额费小计(1+2)		1 844.64	232.31		

问题讨论

刷素水泥浆怎么套用定额?

---

3. 综合单价计算

根据《江西费用定额》,在分专业定额费用基础上计取企业管理费和利润,并汇总出装饰费用合计,再根据清单工程量,计算出清单综合单价(表3-7)。

表3-7 清单综合单价计算表

序号	定额编号	项目名称	单位	费用/元 定额费用	其中:人工费
一		装饰定额费用	元	1 844.64	232.31
二		企业管理费	人工费×(10.05%+0.83%)	元	25.28
三		利润	人工费×7.41%	元	17.21
四		装饰总费用	一十二十三	元	1 887.13
五		清单工程量		m²	5.75
六		综合单价	四÷五	元/m²	328.20

问题讨论

清单综合单价包含哪些费用?石材楼地面套价与瓷砖楼地面计价有什么区别?

任务检查

在完成上述预算任务后,需要针对施工图识读、工程量计算、清单编制、定额套用及综合取费进行检查,并根据检查情况填写自查表(表3-8)。

表3-8 自查表

序号	检查项目	检查内容	检查结果(无误填"√",有误填"×"并加以整改)
1	施工图识读	主要检查构造做法、材质规格及预算范围等方面	
2	工程量计算	检查主要包括计算单位、计算方法和计算结果等方面	
3	清单编制	检查主要包括清单编码、项目名称、项目特征、计量单位和工程量填写等方面	
4	定额套用	检查主要包括定额选用、定额换算、材质规格、定额工程量是否对应项目特征(或图纸说明)、工程量等方面	
5	综合取费	检查主要包括定额费用项目是否有遗漏、计算程序和计算费率是否符合《江西费用定额》的规定、计算结果是否有错误三个方面	

任务评价

在完成各项预算任务后,需要根据完成的准确性、时效性、完整性和规范性进行自我评价、小组评价和教师评价,并填写评价表(表3-9)。

表3-9 评价表

序号	评价内容		自我评价	小组评价	教师评价
1	预算准确性(50分)	如发现以下几类错误扣分(各类问题每发现1处扣5分,扣完为止):(1)工程量计算规则的选用错误;(2)工程量计算错误;(3)错套定额;(4)未按照有关规定取费;(5)总造价汇总错误;(6)项目特征描述错误;(7)其他错误			
2	预算及时性(20分)	在规定时间内完成得满分(20分),未按期完成工作任务的每延期2 min扣1分			
3	预算完整性(20分)	预算成果应包括工程计量单、清单与计价表、定额套用表、定额取费表、清单综合单价计算表(是否符合基本建设程序、是否超出项目概算、合同价及超出的原因等)、审核定案表,每遗漏一张表扣4分,直至扣完为止			
4	预算规范性(10分)	预算报告要求格式规范,具体包括计算单位、定额编号、清单编码、计量单位、小数点取舍等都须严格按规范要求。发现不规范的每一处扣2分,扣完为止			
5	预算评价分	1~4项合计(满分100分)			

素养提升

大家百度查看块料楼地面的发展史,并结合该发展史谈谈自己的感悟。

课外作业

请参照孔雀绿大理石波打线计价方法,尝试完成其他石材楼地面的计价。

以赛促学

相关赛题参见全国职业院校技能大赛官网(http://www.nvsc.com.cn/sqbz-mj/)。

任务四　踢脚线

🎯 知识目标
（1）了解踢脚线用材的特点。
（2）了解踢脚线与波打线的区别。
（3）掌握踢脚线工程量计算规则。

🎯 能力目标
（1）能够掌握水平踢脚线与楼梯踢脚线计价区别。
（2）能够掌握踢脚线计量、计价及取费方法。

🎯 素质目标
（1）从点缀、波打线、踢脚线与大面组合，引导学生提高建筑审美观。
（2）结合波打线与踢脚线材料使用，培养学生的节约意识。
（3）波打线和踢脚线切割、镶贴工艺介绍，培养工匠精神和节约意识。

🎯 教与学

知识准备

一般来说，为保证整体装修的美观性起见，地砖的踢脚线最好采用与地面相同或相似的材料。例如，楼地面是木地板，那么最好选择木材或木纹石材制作踢脚线。地砖踢脚线的颜色最好与地面和墙面相协调，观感才不会突兀。踢脚线的高度要考虑地面的高度，通常踢脚线的高度为 8~12 cm，具体高度详见图纸。

波打线、踢脚线是装饰工程的专用术语，波打线也称为花边或边线等，主要用在地面周边或过道玄关等地方，用一些与地砖主体颜色有所区分的瓷砖或石材进行收边；而踢脚线是安装在墙面上的，用来提升室内视觉空间与保护墙体作用。两者的区别如下。

1. 位置

从位置上来看，踢脚线贴在墙根处，是竖向的；波打线是铺贴在地面上的，是水平的。

2. 作用

踢脚线主要是起室内视觉平衡和保护墙根遭受冲击的作用，也有美化室内装饰效果；波打线的作用主要是装饰地面，使室内楼地面更富于变化，看起来具有特别艺术韵味，富有美感。

3. 材质

从材质上看，踢脚线比较丰富，主要可分为陶瓷踢脚线、玻璃踢脚线、石材踢脚线、木踢脚线、PVC 踢脚线、铝合金踢脚线、PS 高分子踢脚线等；波打线主要是瓷砖或石材。

4. 规格

在规格上，踢脚线高度一般为 8~12 cm；波打线没有具体的尺寸规格要求，一般选 100 mm、150 mm、200 mm、300 mm 等宽度，具体宽度详见图纸。

问题讨论

(1) 结合日常生活的场所楼地面铺贴,你能区分踢脚线和波打线吗?

_____

_____

_____

_____

(2) 讨论踢脚线高度与踢脚线预算有什么关系。

_____

_____

_____

_____

素质引申

从踢脚线与波打线的设计思路中,你能领悟设计师的何种人文情怀?

_____

_____

_____

_____

标准规范

1. 踢脚线清单计价指引

踢脚线工程量清单项目的设置、项目特征描述的内容、计量单位及工程量计算规则应按表 4-1 的规定执行。

表 4-1 踢脚线(编码:011105)

项目编码	项目名称	项目特征	计量单位	工程量计算规则	工作内容
011105001	水泥砂浆踢脚线	1. 踢脚线高度 2. 底层厚度、砂浆配合比 3. 面层厚度、砂浆配合比	1. m² 2. m	1. 以平方米计量,按设计图示长度乘高度以面积计算 2. 以米计量,按延长米计算	1. 基层清理 2. 底层和面层抹灰 3. 材料运输
011105002	石材踢脚线	1. 踢脚线高度 2. 粘贴层厚度、材料种类 3. 面层材料品种、规格、颜色 4. 防护材料种类			1. 基层清理 2. 底层抹灰 3. 面层铺贴、磨边 4. 擦缝 5. 磨光、酸洗、打蜡 6. 刷防护材料 7. 材料运输
011105003	块料踢脚线				

续表

项目编码	项目名称	项目特征	计量单位	工程量计算规则	工作内容
011105004	塑料板踢脚线	1. 踢脚线高度 2. 粘结层厚度、材料种类 3. 面层材料种类、规格、颜色	1. m² 2. m	1. 以平方米计量，按设计图示长度乘高度以面积计算 2. 以米计量，按延长米计算	1. 基层清理 2. 基层铺贴 3. 面层铺贴 4. 材料运输
011105005	木质踢脚线	1. 踢脚线高度 2. 粘结层厚度、材料种类 3. 面层材料种类、规格、颜色			
011105006	金属踢脚线				
011105007	防静电踢脚线				

注：石材、块料与粘结材料的结合面刷防渗材料的种类在防护层材料种类中描述

2. 踢脚线预算定额指引

踢脚线预算定额指引如图 4-1 所示。

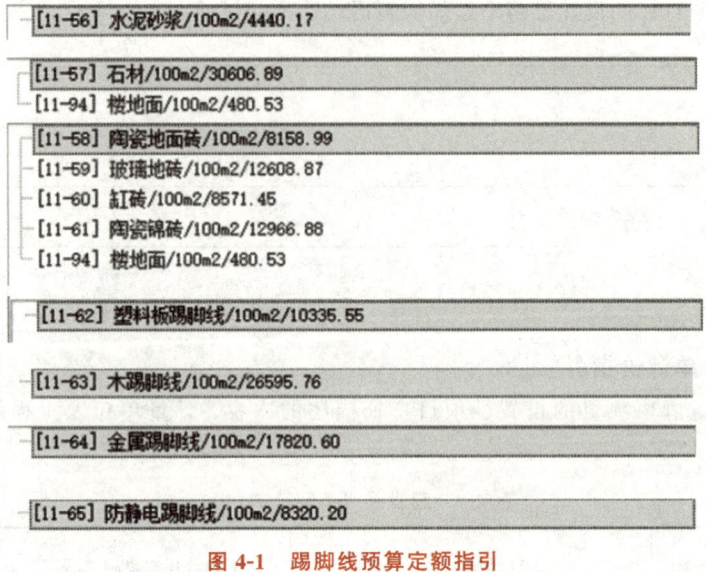

[11-56] 水泥砂浆/100m2/4440.17
[11-57] 石材/100m2/30606.89
　[11-94] 楼地面/100m2/480.53
[11-58] 陶瓷地面砖/100m2/8158.99
[11-59] 玻璃地砖/100m2/12608.87
[11-60] 缸砖/100m2/8571.45
[11-61] 陶瓷锦砖/100m2/12966.88
　[11-94] 楼地面/100m2/480.53
[11-62] 塑料板踢脚线/100m2/10335.55
[11-63] 木踢脚线/100m2/26595.76
[11-64] 金属踢脚线/100m2/17820.60
[11-65] 防静电踢脚线/100m2/8320.20

图 4-1 踢脚线预算定额指引

上述定额指引中的楼地面是指抛光打蜡。

现场认识

结合生活中常见的踢脚线，辨识踢脚线的材质和高度。

🎯 任务描述

根据某行政中心大楼立面索引图和立面装饰图（局部）（表4-2），做法参照赣03J001—65—踢40（表4-2）（找平层已完成，不在本任务内），现要求完成立面上1.2 mm厚黑色不锈钢踢脚线的清单及预算编制。

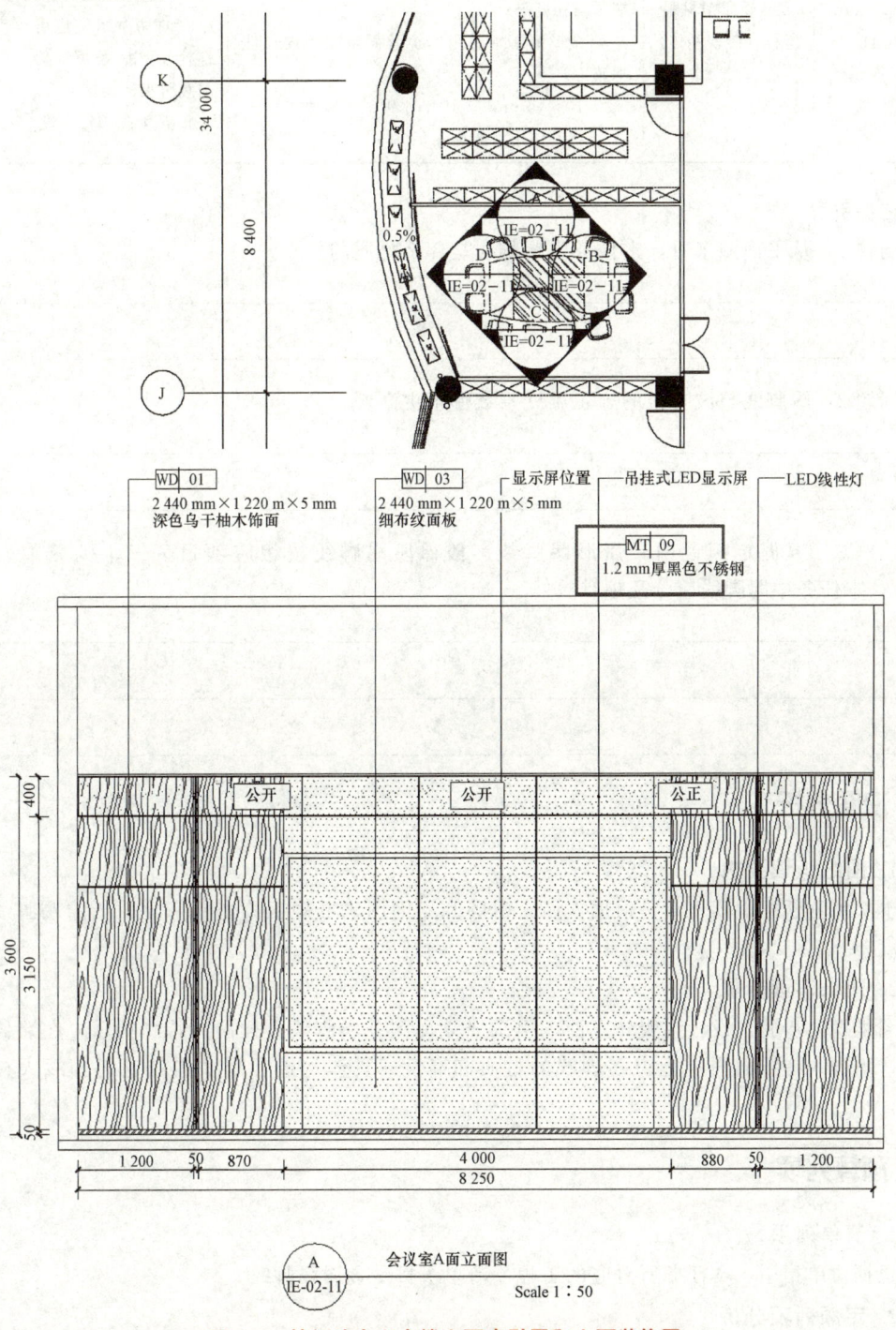

图4-2 某行政中心大楼立面索引图和立面装饰图

表 4-2 赣 03J001－65－踢 40

编号	名称	做法及说明	备注
踢 40 $h=120$ mm 踢 41 $h=150$ mm	成品硬质塑料踢脚板（砖墙基体）	1. 硬质塑料踢脚板面层（成品）； 2. 踢脚板位置在墙内预埋 2 块（120 mm×120 mm×600 mm）防腐木砖中距 600 mm，端头与粉刷平； 3. 金属踢脚卡、用木螺丝固定在墙内预埋木砖上； 4. 10～15 mm 厚 1∶3 水泥砂浆找平层； 5. 将基体用水湿透	1. 用于各类塑料楼、地面； 2. 塑料踢脚板为成品，其品牌、颜色由单项设计确定； 3. 埋防腐木块也可改用膨胀螺栓或塑料胀管螺栓，用于墙与踢脚板的连接； 4. h 为踢脚板高度

任务引导

问题 1：从平面图来看，本任务中踢脚线是什么材质的？

_____

_____

问题 2：踢脚线与波打线的施工难度系数哪个更高？

_____

_____

问题 3：根据定额说明"弧形踢脚线、楼梯段踢脚线按相应项目人工、机械乘以系数 1.15"，本任务中踢脚线应分几项计算？

_____

_____

_____

识图分析

1. 图纸识读要求

本次预算任务识读重点是根据立面索引图和立面图来准确识读出每一立面上的踢脚线材质与高度。

2. 图纸识读步骤

图纸识读步骤：设计说明→立面索引图→立面图→踢脚线大样图。特别提示，在装修施工图中，踢脚线在立面图上标识踢脚线的材质和高度。具体构造和尺寸需结合踢脚线大样图来识别。

预算列项

1. 清单列项

根据清单指引，本任务所对应的工程量清单子目是金属踢脚线。

2. 定额列项分析

根据清单项目特征与定额对应关系，列出金属踢脚线套用定额子目。

问题讨论

踢脚线不锈钢板的厚度 1.2 mm 与踢脚线预算有什么关系?

_____

_____

_____

_____

工程算量

1. 计算规则

(1) 清单工程量计算规则。踢脚线清单可按 m^2 或 m 计算,即可按设计图示长度乘高度以面积计算,也可按延长米计算。

(2) 定额工程量计算规则。踢脚线按设计图示长度乘以高度以面积计算。楼梯靠墙踢脚线(含锯齿形部分)贴块料按设计图示面积计算。

2. 算量方法

踢脚线清单可按面积或延长米计算,定额则按面积计算。特别需要注意的是,如果清单按延长米计算,定额按面积计算时需理清两者的数量对应关系。因此,为便于计价、避免出错,一般将清单与定额算量统一按面积计算。

3. 算量过程

现以上述不锈钢踢脚线为例进行工程量计算,具体见表4-3和表4-4。

表4-3 直线踢脚线

楼层	轴号、房间名	项目名称或材料名称	单位	计算公式	工程量
1	直线踢脚线	直线1.2 mm 黑色不锈钢踢脚线	m^2	(8.25+4.6-1.5+7.055)×0.05	0.920 25
2	小计	直线1.2 mm 黑色不锈钢踢脚线	m^2	(8.25+4.6-1.5+7.055)×0.05	0.920 25

表4-4 弧线踢脚线

楼层	轴号、房间名	项目名称或材料名称	单位	计算公式	工程量
1	弧线踢脚线	弧形1.2 mm 黑色不锈钢踢脚线	m^2	8.23×0.05	0.411 5
2	小计	弧形1.2 mm 黑色不锈钢踢脚线	m^2	8.23×0.05	0.411 5

4. 工程量清单编制

工程量清单编制的难点在于准确、完整填写项目特征,项目特征须参照清单指引结合图纸设计完整填写(表4-5)。

表 4-5 清单与计价表

序号	项目编码	项目名称	项目特征描述	计量单位	工程量	金额/元 综合单价	合价	其中 暂估价
		分部分项工程费						
1	011105006001	金属踢脚线	直线 1.2 mm 黑色不锈钢踢脚线	m²	0.92			
2	011105006002	金属踢脚线	弧形 1.2 mm 黑色不锈钢踢脚线	m²	0.41			

问题讨论

请在教师的指导下讨论踢脚线长度应如何确定。

工程计价

1. 定额套用

参照《江西预算定额》，考虑到篇幅限制，以不锈钢踢脚线为例，定额套用子目详见表 4-6，具体套用定额方法请扫描右侧二维码。

表 4-6 定额套用表

序号	定额编号	项目名称	单位	工程量	单价/元 单价	工资	总价/元 总价	工资
1	11—64	金属踢脚线	100 m²	0.009 2	18 832.76	2 520.00	169.49	22.68
2	11—64 换	金属踢脚线 弧形踢脚线、楼梯段踢脚线	100 m²	0.004 1	19 362.65	2 898.05	77.45	11.59

问题讨论

请在教师的指导下讨论楼梯踢脚线应如何计算工程量。

2. 定额费用合计

在第 3 步定额套价基础上，汇总出装饰工程定额费用（表 4-7 和表 4-8）。

表 4-7 （直线型）定额取费表

序号	定额编号	项目名称	定额费小计/元 总价	定额费小计/元 工资	专业归属	备注
1	11－64	金属踢脚线	169.49	22.68	装饰	定额费用数据来源为表 4-4
2		装饰专业定额费小计（1）	169.49	22.68		

表 4-8 （弧形）定额取费表

序号	定额编号	项目名称	定额费小计/元 总价	定额费小计/元 工资	专业归属	备注
1	11－64 换	金属踢脚线 弧形踢脚线、楼梯段踢脚线	77.45	11.59	装饰	定额费用数据来源为表 4-4
2		装饰专业定额费小计（1）	77.45	11.59		

问题讨论

什么是弧形踢脚线？与直线踢脚线有什么区别？

3. 综合单价计算

根据《江西费用定额》，在分专业定额费用基础上计取企业管理费和利润，并汇总出装饰费用合计，再根据清单工程量计算出清单综合单价（表 4-9 和表 4-10）。

表 4-9 清单综合单价计算表（直线型）

序号	定额编号	项目名称	单位	费用/元 定额费用	费用/元 其中：人工费
一		装饰定额费用	元	169.49	22.68
二		企业管理费	人工费×(10.05%＋0.83%) 元	2.47	
三		利润	人工费×7.41% 元	1.68	
四		装饰总费用	一＋二＋三 元	173.64	
五		清单工程量		m²	0.92
六		综合单价	四÷五 元/m²	188.74	

表 4-10　清单综合单价计算表（弧形）

序号	定额编号	项目名称	单位	费用/元 定额费用	其中：人工费
一		装饰定额费用	元	77.45	11.59
二		企业管理费	人工费×(10.05%＋0.83%)	元	1.26
三		利润	人工费×7.41%	元	0.86
四		装饰总费用	一＋二＋三	元	79.57
五		清单工程量		m²	0.41
六		综合单价	四÷五	元/m²	194.07

问题讨论

请在教师的指导下讨论其他材质踢脚线如何计价。

_____

_____

_____

任务检查

在完成上述预算任务后，需要针对施工图识读、工程量计算、清单编制、定额套用及综合取费进行检查，并根据检查情况填写自查表（表 4-11）。

表 4-11　自查表

序号	检查项目	检查内容	检查结果（无误填"√"，有误填"×"并加以整改）
1	施工图识读	主要检查构造做法、材质规格及预算范围等方面	
2	工程量计算	检查主要包括计算单位、计算方法和计算结果等方面	
3	清单编制	检查主要包括清单编码、项目名称、项目特征、计量单位和工程量填写等方面	
4	定额套用	检查主要包括定额选用、定额换算、材质规格、定额工程量是否对应项目特征（或图纸说明）、工程量等方面	
5	综合取费	检查主要包括定额费用项目是否有遗漏、计算程序和计算费率是否符合《江西费用定额》的规定、计算结果是否有错误三个方面	

任务评价

在完成各项预算任务后，需要根据完成的准确性、时效性、完整性和规范性进行自我评价、小组评价和教师评价并填写评价表（表 4-12）。

表 4-12 评价表

序号	评价内容		自我评价	小组评价	教师评价
1	预算准确性（50分）	如发现以下几类错误扣分（各类问题每发现 1 处扣 5 分，扣完为止）：（1）工程量计算规则的选用错误；（2）工程量计算错误；（3）错套定额；（4）未按照有关规定取费；（5）总造价汇总错误；（6）项目特征描述错误；（7）其他错误			
2	预算及时性（20分）	在规定时间内完成得满分（20 分），未按期完成工作任务的每延期 2 min 扣 1 分			
3	预算完整性（20分）	预算成果应包括工程计量单、清单与计价表、定额套用表、定额取费表、清单综合单价计算表（是否符合基本建设程序、是否超出项目概算、合同价及超出的原因等）、审核定案表，每遗漏一张表扣 4 分，直至扣完为止			
4	预算规范性（10分）	预算报告要求格式规范，具体包括计算单位、定额编号、清单编码、计量单位、小数点取舍等都须严格按规范要求。发现不规范的每一处扣 2 分，扣完为止			
5	预算评价分	1～4 项合计（满分 100 分）			

素养提升

踢脚线由明装改为暗装之后，深受普通大众喜欢。大家对这种安装工艺上创新有什么感悟？

课外作业

请参照不锈钢踢脚线计价方法，尝试完成其他材质踢脚线的计价。

以赛促学

相关赛题参见全国职业院校技能大赛官网（http://www.nvsc.com.cn/sqbz-mj/）。

任务五　楼梯与台阶

知识目标

（1）了解楼梯面与楼地面的区别。
（2）了解楼梯与台阶面的细部构造。
（3）掌握楼梯面与台阶面工程量计算规则。

能力目标

（1）能够掌握楼梯面与楼地面计价区别。
（2）能够掌握楼梯面与楼地面计量、计价及取费方法。

素质目标

（1）从楼梯面与台阶面的细部设计，引导学生养成人文情怀和安全意识。
（2）楼梯与台阶面装饰构造尺寸，引导学生树立标准意识。
（3）楼梯零星预算精度对比分析，培养工匠精神和节约意识。

教与学

知识准备

楼梯装修包含楼梯上表面（包括踏步、休息平台及≤500 mm的楼梯井）、楼梯侧面、板底、栏杆扶手、弯头、防滑条及踢脚线等。楼梯侧面及踢脚线分别归属楼地面的零星项目和踢脚线，而楼梯板底归属天棚装饰。

楼梯面与楼地面虽一字之差，两者却有明显区别，具体区别如下。

1. 内容

楼梯面包括踏步、休息平台及≤500 mm的楼梯井立体的装修，而楼地面只是水平面装修。

2. 难度

楼梯面装修比楼地面工艺复杂，作业面更窄，因此，装修施工难度系数远大于楼地面。

3. 单价

因为楼梯面装修难度系数大于楼地面，因此，即使使用同一材质装修，楼梯面单价要高于楼地面。

问题讨论

讨论楼梯装修与台阶装修的区别。

素质引申

从楼梯尺寸和防滑条细部构造设计思路,你能领悟出设计师的什么人文情怀和安全意识?

_____

_____

⊕ 标准规范

1. 楼梯台阶清单计价指引

(1)楼梯面层工程量清单项目的设置、项目特征描述的内容、计量单位及工程量计算规则应按表 5-1 的规定执行。

表 5-1 楼梯面层(编码:011106)

项目编码	项目名称	项目特征	计量单位	工程量计算规则	工作内容
011106001	石材楼梯面层	1. 找平层厚度、砂浆配合比 2. 粘结层厚度、材料种类 3. 面层材料品种、规格、颜色 4. 防滑条材料种类、规格 5. 勾缝材料种类 6. 防护层材料种类 7. 酸洗、打蜡要求	m²	按设计图示尺寸以楼梯(包括踏步、休息平台及≤500 mm 的楼梯井)水平投影面积计算。楼梯与楼地面相连时,算至梯口梁内侧边沿;无梯口梁者,算至最上一层踏步边沿加 300 mm	1. 基层清理 2. 抹找平层 3. 面层铺贴、磨边 4. 贴嵌防滑条 5. 勾缝 6. 刷防护材料 7. 酸洗、打蜡 8. 材料运输
011106002	块料楼梯面层				
011106003	拼碎块料面层				
011106004	水泥砂浆楼梯面层	1. 找平层厚度、砂浆配合比 2. 面层厚度、砂浆配合比 3. 防滑条材料种类、规格			1. 基层清理 2. 抹找平层 3. 抹面层 4. 抹防滑条 5. 材料运输
011106005	现浇水磨石楼梯面层	1. 找平层厚度、砂浆配合比 2. 面层厚度、水泥石子浆配合比 3. 防滑条材料种类、规格 4. 石子种类、规格、颜色 5. 颜料种类、颜色 6. 磨光、酸洗打蜡要求			1. 基层清理 2. 抹找平层 3. 抹面层 4. 贴嵌防滑条 5. 磨光、酸洗、打蜡 6. 材料运输
011106006	地毯楼梯面层	1. 基层种类 2. 面层材料品种、规格、颜色 3. 防护材料种类 4. 粘结材料种类 5. 固定配件材料种类、规格			1. 基层清理 2. 铺贴面层 3. 固定配件安装 4. 刷防护材料 5. 材料运输

续表

项目编码	项目名称	项目特征	计量单位	工程量计算规则	工作内容
011106007	木板楼梯面层	1. 基层材料种类、规格 2. 面层材料品种、规格、颜色 3. 粘结材料种类 4. 防护材料种类	m²	按设计图示尺寸以楼梯（包括踏步、休息平台及≤500 mm 的楼梯井）水平投影面积计算。楼梯与楼地面相连时，算至梯口梁内侧边沿；无梯口梁者，算至最上一层踏步边沿加300 mm	1. 基层清理 2. 基层铺贴 3. 面层铺贴 4. 刷防护材料 5. 材料运输
011106008	橡胶板楼梯面层	1. 粘结层厚度、材料种类 2. 面层材料品种、规格、颜色 3. 压线条种类			1. 基层清理 2. 面层铺贴 3. 压缝条装钉 4. 材料运输
011106009	塑料板楼梯面层				

注：① 在描述碎石材项目的面层材料特征时可不用描述规格、品牌、颜色。
②石材、块料与粘结材料的结合面刷防渗材料的种类在防护层材料种类中描述。

（2）台阶装饰工程量清单项目的设置、项目特征描述的内容、计量单位及工程量计算规则应按表 5-2 的规定执行。

表 5-2　台阶装饰（编码：011107）

项目编码	项目名称	项目特征	计量单位	工程量计算规则	工作内容
011107001	石材台阶面	1. 找平层厚度、砂浆配合比 2. 粘结层材料种类 3. 面层材料品种、规格、颜色 4. 勾缝材料种类 5. 防滑条材料种类、规格 6. 防护材料种类	m²	按设计图示尺寸以台阶（包括最上层踏步边沿加 300 mm）水平投影面积计算	1. 基层清理 2. 抹找平层 3. 面层铺贴 4. 贴嵌防滑条 5. 勾缝 6. 刷防护材料 7. 材料运输
011107002	块料台阶面				
011107003	拼碎块料台阶面				
011107004	水泥砂浆台阶面	1. 找平层厚度、砂浆配合比 2. 面层厚度、砂浆配合比 3. 防滑条材料种类			1. 基层清理 2. 抹找平层 3. 抹面层 4. 抹防滑条 5. 材料运输
011107005	现浇水磨石台阶面	1. 找平层厚度、砂浆配合比 2. 面层厚度、水泥石子浆配合比 3. 防滑条材料种类、规格 4. 石子种类、规格、颜色 5. 颜料种类、颜色 6. 磨光、酸洗、打蜡要求			1. 清理基层 2. 抹找平层 3. 抹面层 4. 贴嵌防滑条 5. 打磨、酸洗、打蜡 6. 材料运输

续表

项目编码	项目名称	项目特征	计量单位	工程量计算规则	工作内容
011107006	剁假石台阶面	1. 找平层厚度、砂浆配合比 2. 面层厚度、砂浆配合比 3. 剁假石要求	m²	按设计图示尺寸以台阶（包括最上层踏步边沿加 300 mm）水平投影面积计算	1. 清理基层 2. 抹找平层 3. 抹面层 4. 剁假石 5. 材料运输

注：①在描述碎石材项目的面层材料特征时可不用描述规格、品牌、颜色。
②石材、块料与粘结材料的结合面刷防渗材料的种类在防护层材料种类中描述

（3）零星装饰项目工程量清单项目的设置、项目特征描述的内容、计量单位及工程量计算规则应按表 5-3 的规定执行。

表 5-3 零星装饰项目（编码：011108）

项目编码	项目名称	项目特征	计量单位	工程量计算规则	工作内容
011108001	石材零星项目	1. 工程部位 2. 找平层厚度、砂浆配合比 3. 贴结合层厚度、材料种类 4. 面层材料品种、规格、颜色 5. 勾缝材料种类 6. 防护材料种类 7. 酸洗、打蜡要求	m²	按设计图示尺寸以面积计算	1. 清理基层 2. 抹找平层 3. 面层铺贴、磨边 4. 勾缝 5. 刷防护材料 6. 酸洗、打蜡 7. 材料运输
011108002	拼碎石材零星项目				
011108003	块料零星项目				
011108004	水泥砂浆零星项目	1. 工程部位 2. 找平层厚度、砂浆配合比 3. 面层厚度、砂浆厚度			1. 清理基层 2. 抹找平层 3. 抹面层 4. 材料运输

注：①楼梯、台阶牵边和侧面镶贴块料面层，≤0.5 m² 的少量分散的楼地面镶贴块料面层，应按本表零星装饰项目执行。
②石材、块料与粘结材料的结合面刷防渗材料的种类在防护层材料种类中描述

2. 楼梯台阶预算定额指引

（1）楼梯预算定额指引（图 5-1）。
（2）台阶预算定额指引（图 5-2）。

[11-1] 平面砂浆找平层 混凝土或硬基层上 20mm/100m2/1562.64
　[11-3] 平面砂浆找平层 每增减1mm/100m2/62.51
　[11-68] 石材/100m2/42151.61
　[11-69] 石材弧形楼梯/100m2/50612.66
　[11-95] 楼梯台阶/100m2/669.21

　[11-70] 陶瓷地面砖/100m2/12121.93
　[11-95] 楼梯台阶/100m2/669.21

[11-66] 水泥砂浆 20mm/100m2/2631.42
　[11-67] 水泥砂浆 每增减1mm/100m2/123.11
　[11-90] 楼梯、台阶踏步防滑条 铜嵌条 4×6/100m/1551.19
　[11-91] 楼梯、台阶踏步防滑条 青铜板(直角) 5×50/100m/6201.96
　[11-92] 楼梯、台阶踏步防滑条 铸铜条板 6×110/100m/9180.19
　[11-93] 楼梯、台阶踏步防滑条 金刚砂/100m/336.01

　[11-71] 地毯 化纤地毯 不带垫/100m2/7951.80
　[11-72] 地毯 化纤地毯 带垫/100m2/10499.20
　[11-73] 地毯配件 铜质 压棍/套/72.00
　[11-74] 地毯配件 铜质 压板/100m/1855.10

　[11-75] 木板面层/100m2/33421.47
　[11-90] 楼梯、台阶踏步防滑条 铜嵌条 4×6/100m/1551.19
　[11-91] 楼梯、台阶踏步防滑条 青铜板(直角) 5×50/100m/6201.96
　[11-92] 楼梯、台阶踏步防滑条 铸铜条板 6×110/100m/9180.19

　[11-76] 橡胶板面层/100m2/9557.10

　[11-77] 塑料板面层/100m2/4269.85

图 5-1　楼梯预算定额指引

[4-93] 灰土/10m3/1572.35
[4-94] 三合土/10m3/1775.34
[4-95] 砂/10m3/1006.95
[4-96] 砂石 人工级配/10m3/1426.76
[4-97] 砂石 天然级配/10m3/1347.12
[4-98] 毛石 干铺/10m3/1783.73
[4-99] 毛石 灌浆/10m3/3240.42
[4-100] 碎砖 干铺/10m3/1003.95
[4-101] 碎砖 灌浆/10m3/2130.15
[4-102] 碎石 干铺/10m3/1587.16
[4-103] 碎石 灌浆/10m3/2935.98
[4-104] 炉(矿)渣 干铺/10m3/603.23
[4-105] 炉(矿)渣 水泥石灰拌和/10m3/2115.25
[4-106] 炉(矿)渣 石灰拌和/10m3/1986.94
[5-1] 垫层/10m3/3006.03
[11-1] 平面砂浆找平层 混凝土或硬基层上 20mm/100m2/1562.64
[11-2] 平面砂浆找平层 填充材料上 20mm/100m2/1915.44
[11-3] 平面砂浆找平层 每增减1mm/100m2/62.51
[11-60] 石材/100m2/45283.00
[11-61] 石材弧形/100m2/63415.66
[11-90] 楼梯、台阶踏步防滑条 铜嵌条 4×6/100m/1551.19
[11-91] 楼梯、台阶踏步防滑条 青铜板(直角) 5×50/100m/6201.96
[11-92] 楼梯、台阶踏步防滑条 铸铜条板 6×110/100m/9180.19
[11-93] 楼梯、台阶踏步防滑条 金刚砂/100m/336.01

[11-62] 陶瓷地面砖/100m2/10630.87
[11-90] 楼梯、台阶踏步防滑条 铜嵌条 4×6/100m/1551.19
[11-91] 楼梯、台阶踏步防滑条 青铜板(直角) 5×50/100m/6201.96
[11-92] 楼梯、台阶踏步防滑条 铸铜条板 6×110/100m/9180.19
[11-93] 楼梯、台阶踏步防滑条 金刚砂/100m/336.01

[11-78] 水泥砂浆 20mm/100m2/2644.39
[11-79] 水泥砂浆 每增减1mm/100m2/97.15

[11-83] 剁假石 20mm/100m2/7500.81

图 5-2　台阶预算定额指引

（3）零星装饰预算定额指引（图5-3）。

[11-65] 零星装饰 石材/100m2/32642.84

[11-66] 零星装饰 陶瓷地面砖/100m2/10461.70

[11-67] 零星装饰 缸砖/100m2/10417.46

[11-64] 零星装饰 水泥砂浆 20mm/100m2/2933.79

图5-3 零星装饰预算定额指引

现场认识

结合日常生活场所中的楼梯，你能区分楼梯装修所使用的材质吗？

_____
_____
_____
_____
_____
_____
_____
_____

任务描述

根据某行政中心大楼台阶平面图和大样图（图5-4和图5-5）（找平层已完成，不在本任务内）完成该台阶的清单及预算编制。

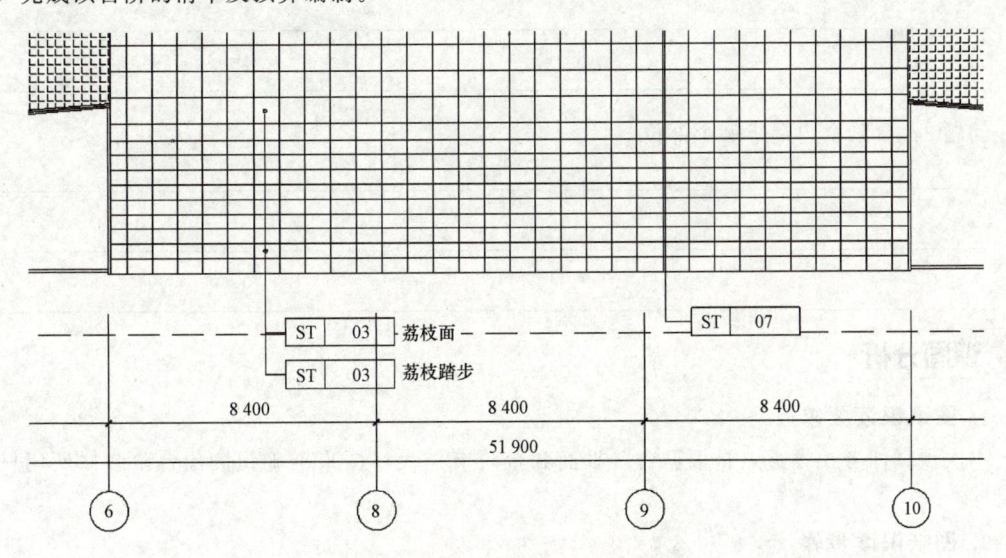

图5-4 某行政中心大楼台阶平面图

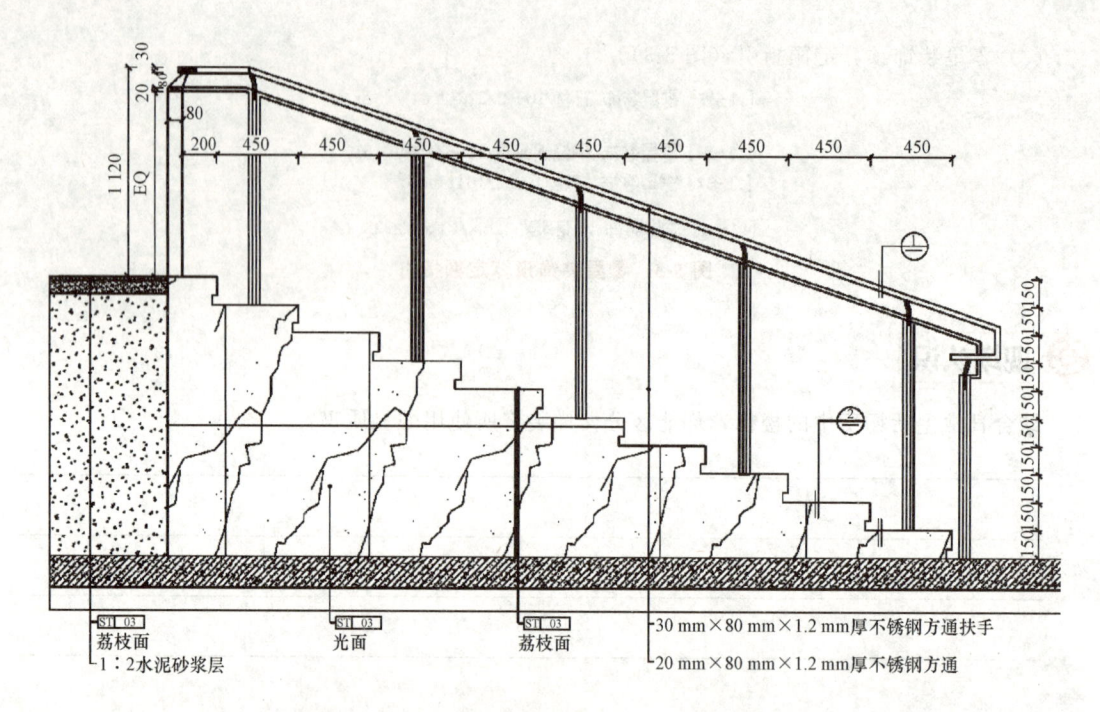

一层大堂入口户外楼梯立面图

代号	名称	规格	使用范围	备注
ST—03	锈石	20 mm 厚	门槛石、窗台石、户外走廊	
ST—07	金镶玉石材	20 mm 厚	主楼花池、接待台	

图 5-5 某行政中心大楼台阶大样图

任务引导

问题1：从平面图来看，本任务台阶是什么材质的？

问题2：台阶牵边是指哪个部位？

识图分析

1. 图纸识读要求

本次预算任务识读重点是根据台阶平面和台阶节点大样图来准确识读出台阶装修所用材质与尺寸。

2. 图纸识读步骤

图纸识读步骤：台阶平面图→台阶大样图。

需要注意的是，台阶平面图或大样图材料编号需图纸中的材料表来识别。

预算列项

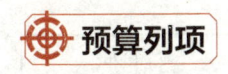

1. 清单列项

根据清单指引,本任务所对应的工程量清单子目是石材台阶面和石材零星项目。

2. 定额列项分析

根据清单项目特征与定额对应关系,列出石材台阶面和石材零星项目对应的定额子目。

问题讨论

石材的厚度 20 mm 与台阶面预算有什么关系?

_____

_____

_____

_____

_____

_____

工程算量

1. 计算规则

(1) 清单工程量计算规则。石材台阶面按设计图示尺寸以台阶(包括最上层踏步边沿加 300 mm)水平投影面积计算。石材零星项目按设计图示尺寸以实贴面积计算。

(2) 定额工程量计算规则。同清单计算规则,在此不再赘述。

2. 算量方法

先根据计算规则,将台阶面与楼地面的分界线画出来(最上层踏步边沿加 300 mm 为界),然后对台阶面的水平投影面积进行计算。台阶牵边石材零星项目的工程量只需根据大样尺寸逐一计算出来汇总即可。

3. 算量过程

现以上述石材台阶面和石材零星项目为例进行工程量计算,具体见表 5-4。

表 5-4　工程计量单

楼层	轴号、房间名	项目名称或材料名称	单位	计算公式	工程量
1	入口处	20 mm 荔枝面锈石台阶	m²	25.2×4.05	102.06
		20 mm 光面锈石台阶侧边	m²	3.44×2	6.88

4. 工程量清单编制

工程量清单编制的难点在于准确、完整填写项目特征,项目特征应参照清单指引结合图纸设计完整填写(表 5-5)。

表 5-5　清单与计价表

序号	项目编码	项目名称	项目特征描述	计量单位	工程量	金额/元 综合单价	合价	其中 暂估价
		分部分项工程费						
1	011107001001	石材台阶面	1. 1∶2 水泥砂浆层 2. 20 mm 荔枝面锈石	m²	102.06			
2	011108001001	石材零星项目	1. 1∶2 水泥砂浆层 2. 20 mm 光面锈石	m²	6.88			

问题讨论

请在教师的指导下讨论三面台阶面与楼地面是如何分界的。

工程计价

1. 定额套用

参照《江西预算定额》，以石材台阶面和石材零星项目为例，定额套用详见表 5-6，具体套用定额方法请扫描右侧二维码。

表 5-6　定额套用表

序号	定额编号	项目名称	单位	工程量	单价/元 单价	工资	总价/元 总价	工资
1	11—80 换	台阶装饰 石材 现拌砂浆	100 m²	1.021	46 809.77	3 564.48	47 792.78	3 639.33
2	11—85 换	零星装饰 石材 现拌砂浆	100 m²	0.069	34 474.75	4 403.42	2 378.76	303.84

问题讨论

请在教师的指导下讨论三面台阶面如何计算工程量。

2. 定额费用合计

在第3步定额套价基础上,汇总出装饰工程定额费用(表5-7和表5-8)。

表 5-7　(台阶面)定额取费表

序号	定额编号	项目名称	定额费小计/元 总价	定额费小计/元 工资	专业归属	备注
1	11-80 换	台阶装饰 石材 现拌砂浆	47 792.78	3 639.33	装饰	定额费用数据来源为表5-6

表 5-8　(台阶侧面)定额取费表

序号	定额编号	项目名称	定额费小计/元 总价	定额费小计/元 工资	专业归属	备注
1	11-85 换	零星装饰 石材 现拌砂浆	2 378.76	303.84	装饰	定额费用数据来源为表5-6

问题讨论

楼梯面计算与台阶面计算有什么区别?

_____

_____

_____

_____

_____

3. 综合单价计算

根据《江西费用定额》,在分专业定额费用基础上计取企业管理费和利润,并汇总出装饰费用合计,再根据清单工程量计算出清单综合单价(表5-9和表5-10)。

表 5-9　清单综合单价计算表(台阶面)

序号	定额编号	项目名称	单位	费用/元 定额费用	费用/元 其中:人工费
一		装饰定额费用	元	47 792.78	3 639.33
二		企业管理费	人工费×(10.05%+0.83%)	元	395.96
三		利润	人工费×7.41%	元	269.67
四		装饰总费用	一+二+三	元	48 458.41
五		清单工程量		m²	102.06
六		综合单价	四÷五	元/m²	474.80

表 5-10　清单综合单价计算表（台阶侧面）

序号	定额编号	项目名称	单位	费用/元	
				定额费用	其中：人工费
一		装饰定额费用	元	2 378.69	303.84
二		企业管理费	人工费×(10.05%+0.83%)	元	33.06
三		利润	人工费×7.41%	元	22.51
四		装饰总费用	一+二+三	元	2 434.26
五		清单工程量		m²	6.88
六		综合单价	四÷五	元/m²	353.82

问题讨论

请在教师的指导下讨论防滑条如何计算工程量和如何计价。

_____
_____
_____
_____
_____
_____

任务检查

在完成上述预算任务后，需要针对施工图识读、工程量计算、清单编制、定额套用及综合取费进行检查并根据检查情况填写自查表（表5-11）。

表 5-11　自查表

序号	检查项目	检查内容	检查结果（无误填"√"，有误填"×"并加以整改）
1	施工图识读	主要检查构造做法、材质规格及预算范围等方面	
2	工程量计算	检查主要包括计算单位、计算方法和计算结果等方面	
3	清单编制	检查主要包括清单编码、项目名称、项目特征、计量单位和工程量填写等方面	
4	定额套用	检查主要包括定额选用、定额换算、材质规格、定额工程量是否对应项目特征（或图纸说明）、工程量等方面	
5	综合取费	检查主要包括定额费用项目是否有遗漏、计算程序和计算费率是否符合《江西费用定额》的规定、计算结果是否有错误三个方面	

任务评价

在完成各项预算任务后，需要根据完成的准确性、时效性、完整性和规范性进行自我评价、小组评价和教师评价，并填写评价表（表5-12）。

表 5-12 评价表

序号	评价内容		自我评价	小组评价	教师评价
1	预算准确性（50分）	如发现以下几类错误扣分（各类问题每发现1处扣5分，扣完为止）：（1）工程量计算规则的选用错误；（2）工程量计算错误；（3）错套定额；（4）未按照有关规定取费；（5）总造价汇总错误；（6）项目特征描述错误；（7）其他错误			
2	预算及时性（20分）	在规定时间内完成得满分（20分），未按期完成工作任务的每延期2 min扣1分			
3	预算完整性（20分）	预算成果应包括工程计量单、清单与计价表、定额套用表、定额取费表、清单综合单价计算表（是否符合基本建设程序、是否超出项目概算、合同价及超出的原因等）、审核定案表，每遗漏一张表扣4分，直至扣完为止			
4	预算规范性（10分）	预算报告要求格式规范，具体包括计算单位、定额编号、清单编码、计量单位、小数点取舍等都须严格按规范要求。发现不规范的每一处扣2分，扣完为止			
5	预算评价分	1~4项合计（满分100分）			

素养提升

楼梯设计以符合使用者的需求为出发点，楼梯的完全性、可靠性蕴含人文情怀及安全意识，楼梯也是室内造景的重头戏，楼梯造型可以营造优美的艺术形状，这些都是未来工匠需要琢磨和追求的方向。

课外作业

请参照石材台阶面的计价方法，尝试完成楼梯面计量和计价。

以赛促学

相关赛题参见全国职业院校技能大赛官网（http://www.nvsc.com.cn/sqbz-mj/）。

任务六　墙柱面抹灰

知识目标

(1) 了解墙柱面抹灰的类型。
(2) 了解墙柱面抹灰的厚度、砂浆配合比。
(3) 掌握墙柱面抹灰工程量计算规则。

能力目标

(1) 能够掌握墙面与柱（梁）面计价区别。
(2) 能够掌握墙面与柱（梁）面计量、计价及取费方法。

素质目标

(1) 从近年来外墙抹灰安全事故，引导学生养成规范意识和安全意识。
(2) 根据墙柱面细部构造及施工要求，引导学生树立质量意识。
(3) 结合墙柱面装饰线条及零星项目抹灰案例，培养工匠精神。

教与学

知识准备

墙柱面按依附构件不同，可分为墙面抹灰、柱（梁）面抹灰。其中，墙面抹灰又可根据基层材质不同分为砖墙、毛石墙、钢板网墙和轻质墙抹灰，而砖墙抹灰还可根据装饰施工部位不同分为外墙抹灰和内墙抹灰；柱（梁）面抹灰又可根据柱梁面截面形状不同分为矩形柱（梁）面和圆形异形柱（梁）面。

墙柱面的厚度、砂浆配合比是指抹灰砂浆层厚度及所用砂浆配合比，具体详见房屋建筑学及建筑材料课程相关内容。在计价过程中，如抹灰项目中砂浆配合比与设计不同者，按设计要求调整；如设计厚度与定额取定厚度不同者，按相应增减厚度项目调整。

问题讨论

请在课前复习以前所学建筑材料课程基础上讨论不同类型抹灰砂浆的使用场所。

素质引申

根据不同砂浆的特性和用途,你能领悟哪些人生哲理?

标准规范

1. 墙柱面抹灰清单计价指引

(1)墙面抹灰工程量清单项目的设置、项目特征描述的内容、计量单位及工程量计算规则应按表 6-1 的规定执行。

表 6-1 墙面抹灰(编码:011201)

项目编码	项目名称	项目特征	计量单位	工程量计算规则	工作内容
011201001	墙面一般抹灰	1. 墙体类型 2. 底层厚度、砂浆配合比 3. 面层厚度、砂浆配合比 4. 装饰面材料种类 5. 分格缝宽度、材料种类	m²	按设计图示尺寸以面积计算。扣除墙裙、门窗洞口及单个>0.3 m²的孔洞面积,不扣除踢脚线、挂镜线和墙与构件交接处的面积,门窗洞口和孔洞的侧壁及顶面不增加面积。附墙柱、梁、垛、烟囱侧壁并入相应的墙面面积内。 1. 外墙抹灰面积按外墙垂直投影面积计算 2. 外墙裙抹灰面积按其长度乘以高度计算 3. 内墙抹灰面积按主墙间的净长乘以高度计算 (1)无墙裙的,高度按室内楼地面至天棚底面计算 (2)有墙裙的,高度按墙裙顶至天棚底面计算 (3)有吊顶天棚抹灰,高度算至天棚底 4. 内墙裙抹灰面按内墙净长乘以高度计算	1. 基层清理 2. 砂浆制作、运输 3. 底层抹灰 4. 抹面层 5. 抹装饰面 6. 勾分格缝
011201002	墙面装饰抹灰				
011201003	墙面勾缝	1. 勾缝类型 2. 勾缝材料种类			1. 基层清理 2. 砂浆制作、运输 3. 勾缝
011201004	立面砂浆找平层	1. 基层类型 2. 找平的砂浆厚度、配合比			1. 基层清理 2. 砂浆制作、运输 3. 抹灰找平

注:①立面砂浆找平项目适用于仅做找平层的立面抹灰。
②墙面抹石灰砂浆、水泥砂浆、混合砂浆、聚合物水泥砂浆、麻刀石灰浆、石膏灰浆等按本表中墙面一般抹灰列项;墙面水刷石、斩假石、干粘石、假面砖等按本表中墙面装饰抹灰列项。
③飘窗凸出外墙面增加的抹灰并入外墙工程量内。

(2)柱(梁)面抹灰工程量清单项目的设置、项目特征描述的内容、计量单位及工程量计算规则应按表 6-2 的规定执行。

表 6-2 柱（梁）面抹灰（编码：011202）

项目编码	项目名称	项目特征	计量单位	工程量计算规则	工作内容
011202001	柱、梁面一般抹灰	1. 柱（梁）体类型 2. 底层厚度、砂浆配合比 3. 面层厚度、砂浆配合比 4. 装饰面材料种类 5. 分格缝宽度、材料种类	m²	1. 柱面抹灰：按设计图示柱断面周长乘高度以面积计算。 2. 梁面抹灰：按设计图示梁断面周长乘长度以面积计算	1. 基层清理 2. 砂浆制作、运输 3. 底层抹灰 4. 抹面层 5. 勾分格缝
011202002	柱、梁面装饰抹灰	^	^	^	^
011202003	柱、梁面砂浆找平	1. 柱（梁）体类型 2. 找平的砂浆厚度、配合比	^	^	1. 基层清理 2. 砂浆制作、运输 3. 抹灰找平
011202004	柱面勾缝	1. 勾缝类型 2. 勾缝材料种类	^	按设计图示柱断面周长乘高度以面积计算	1. 基层清理 2. 砂浆制作、运输 3. 勾缝

注：①砂浆找平项目适用于仅做找平层的柱（梁）面抹灰。
②柱（梁）面抹石灰砂浆、水泥砂浆、混合砂浆、聚合物水泥砂浆、麻刀石灰浆、石膏灰浆等按本表中柱（梁）面一般抹灰编码列项，柱（梁）面水刷石、斩假石、干粘石、假面砖等按本表中柱（梁）面装饰抹灰项目编码列项

（3）零星抹灰工程量清单项目的设置、项目特征描述的内容、计量单位及工程量计算规则应按表 6-3 的规定执行。

表 6-3 零星抹灰（编码：011203）

项目编码	项目名称	项目特征	计量单位	工程量计算规则	工作内容
011203001	零星项目一般抹灰	1. 基层类型、部位 2. 底层厚度、砂浆配合比 3. 面层厚度、砂浆配合比 4. 装饰面材料种类 5. 分格缝宽度、材料种类	m²	按设计图示尺寸以面积计算	1. 基层清理 2. 砂浆制作、运输 3. 底层抹灰 4. 抹面层 5. 抹装饰面 6. 勾分格缝
011203002	零星项目装饰抹灰	^	^	^	^
011203003	零星项目砂浆找平	1. 基层类型、部位 2. 找平的砂浆厚度、配合比	^	^	1. 基层清理 2. 砂浆制作、运输 3. 抹灰找平

注：①零星项目抹石灰砂浆、水泥砂浆、混合砂浆、聚合物水泥砂浆、麻刀石灰浆、石膏灰浆等按本表中零星项目一般抹灰编码列项，水刷石、斩假石、干粘石、假面砖等按本表中零星项目装饰抹灰编码列项。
②墙、柱（梁）面≤0.5 m²的少量分散的抹灰按本表中零星抹灰项目编码列项

2. 墙柱面抹灰预算定额指引

（1）墙面抹灰预算定额指引（图 6-1）。

[12-1] 内墙（14+6）mm/100m2/2332.93
[12-2] 外墙（14+6）mm/100m2/3018.08
[12-3] 内墙（每增减1mm厚）/100m2/92.14
[12-4] 外墙（每增减1mm厚）/100m2/95.31
[12-5] 毛石墙/100m2/3227.54
[12-6] 钢板网墙/100m2/2453.56
[12-7] 轻质墙/100m2/2459.13
[12-8] 装饰线条/100m/1601.80
[12-9] 贴玻纤网格布/100m2/1111.69
[12-10] 挂钢丝网/100m2/734.49
[12-11] 挂钢板网/100m2/2935.20
[12-12] 水刷石/100m2/3322.17
[12-13] 干粘白石子/100m2/2930.96
[12-14] 斩假石/100m2/4924.82
[12-15] 拉条 砖墙面/100m2/2683.94
[12-16] 拉条 混凝土墙面/100m2/2875.29
[12-17] 甩毛 砖墙面/100m2/2962.62
[12-18] 甩毛 混凝土墙面/100m2/2853.63
[12-19] 分格嵌缝 玻璃嵌缝/100m2/406.53
[12-20] 分格嵌缝 分格/100m2/265.06
[12-21] 打底找平 15mm厚/100m2/1906.55
[12-22] 墙面界面剂/100m2/171.13
[12-23] 素水泥浆界面剂/100m2/184.65

图 6-1　墙面抹灰预算定额指引

（2）柱（梁）面抹灰预算定额指引（图 6-2）。

[12-24] 独立柱(梁) 多边形、圆形柱(梁)面/100m2/3167.71
[12-25] 独立柱(梁) 矩形柱(梁)面/100m2/2679.65
[12-26] 柱面 水刷石/100m2/4323.78
[12-27] 柱面 干粘白石子/100m2/3752.49
[12-28] 柱面 斩假石/100m2/6279.13

图 6-2　柱（梁）面抹灰预算定额指引

（3）零星抹灰预算定额指引（图 6-3）。

[12-29] 零星抹灰/100m2/5228.48
[12-30] 零星项目 水刷石/100m2/5920.30
[12-31] 零星项目 干粘白石子/100m2/5155.99
[12-32] 零星项目 斩假石/100m2/7188.68

图 6-3　零星抹灰预算定额指引

◎ 现场认识

结合日常生活场所中的墙柱面，你能区分出该墙柱面属于上述哪一种类型吗？

🎯 任务描述

根据某值班室建筑平面图和剖面图（图6-4），内墙面做法为赣03J001－70－内墙1、外墙面为赣03J001－70－外墙6。M1洞口尺寸为1 500 mm×2 100 mm，C1尺寸为1 800 mm×2 400 mm，现要求根据图纸做法完成内外墙面的清单及预算编制。

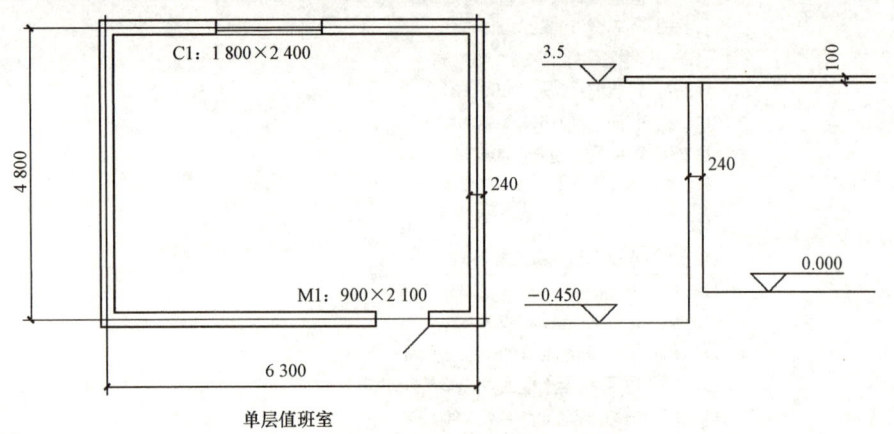

单层值班室

图6-4　某值班室建筑平面图和剖面图

表6-4　内墙面、外墙面做法

编号	名称	做法及说明
内墙1	石灰砂浆墙面	1. 2厚纸筋石灰光面； 2. 8厚1∶2.5石灰砂浆粉面； 3. 10厚1∶3石灰砂浆打底
外墙6	水泥砂浆墙面 （砖墙）	1. 6厚1∶2.5水泥砂浆粉面； 2. 12厚1∶3水泥砂浆打底扫毛

任务引导

根据上述剖面图，你能识别出哪一面是内墙面，哪一面是外墙面吗？

_____

_____

_____

_____

_____

🎯 识图分析

1. 图纸识读要求

本次预算任务识读重点是根据建筑平面和墙体剖面图来准确识读出内外墙及门窗洞口的尺寸。根据标准图集，可以知道内外墙面的装饰做法。

2. 图纸识读步骤

图纸识读步骤：建筑平面图→做法大样图集。

需要注意的是，门窗洞口尺寸一般可以通过门窗表读出。

预算列项

1. 清单列项

根据清单指引，本任务所对应的工程量清单子目是墙面一般抹灰项目。

2. 定额列项分析

根据清单项目特征与定额对应关系，列出墙面一般抹灰项目对应的定额子目。

问题讨论

如果门窗洞口尺寸与平面图、立面图的门窗尺寸有出入，怎么办？

_____
_____
_____

工程算量

1. 计算规则

（1）清单工程量计算规则。墙面抹灰按设计图示尺寸以面积计算。扣除墙裙、门窗洞口及单个 $>0.3 \text{ m}^2$ 的孔洞面积，不扣除踢脚线、挂镜线和墙与构件交接处的面积，门窗洞口和孔洞的侧壁及顶面不增加面积。附墙柱、梁、垛、烟囱侧壁并入相应的墙面面积内。

外墙抹灰面积按外墙垂直投影面积计算，外墙裙抹灰面积按其长度乘以高度计算，内墙抹灰面积按主墙间的净长乘以高度计算。无墙裙的，高度按室内楼地面至天棚底面计算，有墙裙的，高度按墙裙顶至天棚底面计算；内墙裙抹灰面按内墙净长乘以高度计算。

（2）定额工程量计算规则：同清单计算规则，此处不再赘述。

2. 算量方法

根据计算规则，将每一墙面的长度和高度从图纸上读取出来相乘扣除门窗洞口面积，然后凸出墙面的柱梁侧面积并入计算即可。

3. 算量过程

现以上述水泥砂浆外墙面、石灰砂浆内墙面为例进行工程量计算，具体见表6-5。

表 6-5　工程计量单

楼层	轴号、房间名	项目名称或材料名称	单位	计算公式	工程量
1	值班室	水泥砂浆外墙面	m²	$(6.3+0.24+4.8+0.24)\times 2\times(3.5+0.45)-1.5\times 2.1-1.8\times 2.4$	84.01
		石灰砂浆内墙面	m²	$(6.3-0.24+4.8-0.24)\times 2\times 3.5-1.5\times 2.1-1.8\times 2.4$	66.87

4. 工程量清单编制

工程量清单编制的难点在于准确、完整填写项目特征，项目特征须参照清单指引结合图纸设计完整填写（表6-6）。

表6-6 清单与计价表

序号	项目编码	项目名称	项目特征描述	计量单位	工程量	综合单价	合价	其中 暂估价
		分部分项工程费						
1	011201001001	墙面一般抹灰	水泥砂浆外墙面 1. 6 mm厚1∶2.5水泥砂浆粉面 2. 12 mm厚1∶3水泥砂浆打底扫毛	m²	84.01			
2	011201001002	墙面一般抹灰	石灰砂浆内墙面 1. 2 mm厚纸筋石灰光面 2. 8 mm厚1∶2.5石灰砂浆粉面 3. 10 mm厚1∶3石灰砂浆打底	m²	66.87			

问题讨论

请在教师的指导下讨论本任务的内外墙面长度与高度是如何确定的。

_____

_____

_____

_____

工程计价

1. 定额套用

参照《江西预算定额》，以水泥砂浆外墙面项目为例，定额套用详见表6-7，具体套用定额方法请扫描右侧二维码。

表6-7 定额套用表

序号	定额编号	项目名称	单位	工程量	单价/元 单价	单价/元 工资	总价/元 总价	总价/元 工资
1	12−2+12−4×(−2)+12−4×2 换	外墙(14+6)mm 第1遍厚度(mm)：12 第2遍厚度(mm)：8 现拌砂浆 换：水泥砂浆1∶3 换：水泥砂浆1∶2.5	100 m²	0.84	2 360.79	1 861.92	1 983.06	1 564.01

— 58 —

问题讨论

请在教师的指导下讨论外墙水泥砂浆的厚度与配合比。
___
___
___
___

2. 定额费用合计

在第 3 步定额套价基础上，汇总出装饰工程定额费用（表 6-8）。

表 6-8 定额取费表

序号	定额编号	项目名称	定额费小计/元 总价	定额费小计/元 工资	专业归属	备注
1	12—2+ 12—4×(—2)+ 12—4×2 换	外墙 (14+6) mm 第 1 遍厚度 (mm)：12 第 2 遍厚度 (mm)：8 现拌砂浆 换：水泥砂浆 1：3 换：水泥砂浆 1：2.5	1 983.06	1 564.01	装饰	定额费用数据来源为表 6-7
2	装饰专业定额费小计		1 983.06	1 564.01		

问题讨论

外墙面计算与内墙面计价有什么区别？
___
___
___
___

3. 综合单价计算

根据《江西费用定额》，在分专业定额费用基础上计取企业管理费和利润，并汇总出装饰费用合计，再根据清单工程量计算出清单综合单价（表 6-9）。

表 6-9 清单综合单价计算表

序号	定额编号	项目名称	单位	费用/元 定额费用	费用/元 其中：人工费
一	装饰定额费用		元	1 983.06	1 564.01
二	企业管理费	人工费×(10.05%+0.83%)	元	170.16	
三	利润	人工费×7.41%	元	115.89	
四	装饰总费用	一+二+三	元	2 269.12	

续表

序号	定额编号	项目名称	单位	费用/元 定额费用	其中：人工费
五		清单工程量	m^2	84.01	
六		综合单价	四÷五	$元/m^2$	27.01

问题讨论

请在教师的指导下讨论柱梁面抹灰及零星抹灰项目如何计算工程量和如何计价。

_____
_____
_____
_____
_____
_____
_____
_____

任务检查

在完成上述预算任务后，需要针对施工图识读、工程量计算、清单编制、定额套用及综合取费进行检查，并根据检查情况填写自查表（表6-10）。

表 6-10　自查表

序号	检查项目	检查内容	检查结果（无误填"√"，有误填"×"并加以整改）
1	施工图识读	主要检查构造做法、材质规格及预算范围等方面	
2	工程量计算	检查主要包括计算单位、计算方法和计算结果等方面	
3	清单编制	检查主要包括清单编码、项目名称、项目特征、计量单位和工程量填写等方面	
4	定额套用	检查主要包括定额选用、定额换算、材质规格、定额工程量是否对应项目特征（或图纸说明）、工程量等方面	
5	综合取费	检查主要包括定额费用项目是否有遗漏、计算程序和计算费率是否符合《江西费用定额》的规定、计算结果是否有错误三个方面	

任务评价

在完成各项预算任务后,需要根据完成的准确性、时效性、完整性和规范性进行自我评价、小组评价和教师评价,并填写评价表(表6-11)。

表6-11 评价表

序号	评价内容		自我评价	小组评价	教师评价
1	预算准确性(50分)	如发现以下几类错误扣分(各类问题每发现1处扣5分,扣完为止):(1)工程量计算规则的选用错误;(2)工程量计算错误;(3)错套定额;(4)未按照有关规定取费;(5)总造价汇总错误;(6)项目特征描述错误;(7)其他错误			
2	预算及时性(20分)	在规定时间内完成得满分(20分),未按期完成工作任务的每延期2 min扣1分			
3	预算完整性(20分)	预算成果应包括工程计量单、清单与计价表、定额套用表、定额取费表、清单综合单价计算表(是否符合基本建设程序、是否超出项目概算、合同价及超出的原因等)、审核定案表,每遗漏一张表扣4分,直至扣完为止			
4	预算规范性(10分)	预算报告要求格式规范,具体包括计算单位、定额编号、清单编码、计量单位、小数点取舍等都须严格按规范要求。发现不规范的每一处扣2分,扣完为止			
5	预算评价分	1~4项合计(满分100分)			

素养提升

从墙面抹灰施工工艺(抹灰饼→冲筋→抹大面)及墙面验收标准,我们可以感悟出墙面施工的标准与规范的要求,这些都是未来工匠需要训练的方向。

课外作业

请参照外墙面的计价方法,尝试完内墙面、柱(梁)面抹灰及零星抹灰项目的计量和计价。

以赛促学

相关赛题参见全国职业院校技能大赛官网(http://www.nvsc.com.cn/sqbz-mj/)。

任务七 墙柱面块料

知识目标

(1) 了解墙柱面块料的材质类型以及规格。
(2) 了解墙柱面块料的施工工艺。
(3) 掌握墙柱面块料工程量计算规则。

能力目标

(1) 能够掌握墙柱面抹灰与墙柱面块料计量方法差异。
(2) 能够掌握墙柱面块料计量、计价以及取费方法。

素质目标

(1) 从墙柱面块料利用与铺贴排版设计，引导学生养成资源节约意识。
(2) 从常见墙柱面块料镶贴质量问题，引导学生养成规范意识和安全意识。
(3) 结合墙柱面块料计算案例，培养工匠精神。

教与学

知识准备

常见墙柱面块料的材质类型有瓷板、陶瓷面砖、马赛克、凹凸麻石块、花岗石及大理石等。块料规格常见的有 60 mm×200 mm、150 mm×300 mm、100 mm×200 mm、200 mm×400 mm、200 mm×400 mm、300 mm×600 mm 等。由于块料材料规格有限，因此，在铺贴前，最好先进行预排一遍，预排到每个角落头，避免出现铺贴不完整的现象。预排时，本着节约材料角度出发，应避免出现非整块瓷砖的问题，要是出现非整块的现象，应铺设在不明显部位，如门背后、墙角等。

墙柱面块料的施工工艺有粘贴（又称湿贴）、挂贴（又称湿挂）和干挂。不同工艺流程所用辅材不同，施工难度系数及成本也不相同，具体内容详见建筑施工技术课程。

问题讨论

请在课前复习以前所学建筑施工技术课程有关墙柱面块料施工的内容，讨论粘贴、挂贴和干挂等工艺材料消耗情况及施工流程。

素质引申

在块料利用及铺贴预排时，需要充分利用所有块料材料，其中蕴含的优良传统是什么？

标准规范

1. 墙柱面块料清单计价指引

（1）墙面块料面层工程量清单项目的设置、项目特征描述的内容、计量单位及工程量计算规则应按表7-1的规定执行。

表7-1 墙面块料面层（编码：011204）

项目编码	项目名称	项目特征	计量单位	工程量计算规则	工作内容
011204001	石材墙面	1. 墙体类型 2. 安装方式 3. 面层材料品种、规格、颜色 4. 缝宽、嵌缝材料种类 5. 防护材料种类 6. 磨光、酸洗、打蜡要求	m²	按镶贴表面积计算	1. 基层清理 2. 砂浆制作、运输 3. 粘结层铺贴 4. 面层安装 5. 嵌缝 6. 刷防护材料 7. 磨光、酸洗、打蜡
011204002	拼碎石材墙面	^	^	^	^
011204003	块料墙面	^	^	^	^
011204004	干挂石材钢骨架	1. 骨架种类、规格 2. 防锈漆品种遍数	t	按设计图示以质量计算	1. 骨架制作、运输、安装 2. 刷漆

注：①在描述碎块项目的面层材料特征时可不用描述规格、颜色。
②石材、块料与粘结材料的结合面刷防渗材料的种类在防护层材料种类中描述。
③安装方式可描述为砂浆或胶粘剂粘贴、挂贴、干挂等，无论哪种安装方式，都要详细描述与组价相关的内容。

（2）柱（梁）面镶贴块料工程量清单项目的设置、项目特征描述的内容、计量单位及工程量计算规则应按表7-2的规定执行。

表7-2 柱（梁）面镶贴块料（编码：011205）

项目编码	项目名称	项目特征	计量单位	工程量计算规则	工作内容
011205001	石材柱面	1. 柱截面类型、尺寸 2. 安装方式 3. 面层材料品种、规格、颜色 4. 缝宽、嵌缝材料种类 5. 防护材料种类 6. 磨光、酸洗、打蜡要求	m²	按镶贴表面积计算	1. 基层清理 2. 砂浆制作、运输 3. 粘结层铺贴 4. 面层安装 5. 嵌缝 6. 刷防护材料 7. 磨光、酸洗、打蜡
011205002	块料柱面	^	^	^	^
011205003	拼碎块柱面	^	^	^	^
011205004	石材梁面	1. 安装方式 2. 面层材料品种、规格、颜色 3. 缝宽、嵌缝材料种类 4. 防护材料种类 5. 磨光、酸洗、打蜡要求	^	^	^
011205005	块料梁面	^	^	^	^

注：①在描述碎块项目的面层材料特征时可不用描述规格、颜色。
②石材、块料与粘结材料的结合面刷防渗材料的种类在防护层材料种类中描述。
③柱梁面干挂石材的钢骨架按表7-1相应项目编码列项

（3）镶贴零星块料工程量清单项目的设置、项目特征描述的内容、计量单位及工程量计算规则应按表7-3的规定执行。

表7-3 镶贴零星块料（编码：011206）

项目编码	项目名称	项目特征	计量单位	工程量计算规则	工作内容
011206001	石材零星项目	1. 基层类型、部位 2. 安装方式 3. 面层材料品种、规格、颜色 4. 缝宽、嵌缝材料种类 5. 防护材料种类 6. 磨光、酸洗、打蜡要求	m²	按镶贴表面积计算	1. 基层清理 2. 砂浆制作、运输 3. 面层安装 4. 嵌缝 5. 刷防护材料 6. 磨光、酸洗、打蜡
011206002	块料零星项目				
011206003	拼碎块零星项目				

注：①在描述碎块项目的面层材料特征时可不用描述规格、颜色。
②石材、块料与粘结材料的结合面刷防渗材料的种类在防护层材料种类中描述。
③零星项目干挂石材的钢骨架按表7-1相应的项目编码列项。
④墙柱面≤0.5 m²的少量分散的镶贴块料面层按本表中的零星项目执行。

2. 墙柱面块料预算定额指引

（1）墙面块料预算定额指引（图7-1）。

```
[12-33] 挂贴石材/100m2/28033.49
[12-37] 挂钩式干挂石材 1.0m2以下 密缝/100m2/30161.94
[12-38] 挂钩式干挂石材 1.0m2以下 嵌缝/100m2/30814.19
[12-39] 挂钩式干挂石材 1.5m2以下 密缝/100m2/28765.19
[12-40] 挂钩式干挂石材 1.5m2以上 嵌缝/100m2/28732.21
[12-41] 背栓式干挂石材 1.0m2以下 密缝/100m2/34544.57
[12-42] 背栓式干挂石材 1.0m2以下 嵌缝/100m2/35012.82
[12-43] 背栓式干挂石材 1.5m2以下 密缝/100m2/30896.18
[12-44] 背栓式干挂石材 1.5m2以上 嵌缝/100m2/30701.42
[12-34] 拼碎石材/100m2/41061.04
[12-35] 粘贴石材 预拌砂浆（干混）/100m2/25836.54
[12-36] 粘贴石材 粉状型建筑胶贴剂/100m2/26235.54
[12-45] 陶瓷锦砖 水泥石膏砂浆/100m2/13639.73
[12-46] 陶瓷锦砖 粉状型建筑胶贴剂/100m2/14133.66
[12-47] 玻璃马赛克 水泥石膏砂浆/100m2/12853.14
[12-48] 玻璃马赛克 粉状型建筑胶贴剂/100m2/13347.91
[12-49] 瓷板每块面积0.025m2以内 预拌砂浆（干混）/100m2/7860.28
[12-50] 瓷板每块面积0.025m2以内 粉状型建筑胶贴剂/100m2/8244.60
[12-51] 瓷板每块面积0.025m2以外 预拌砂浆（干混）/100m2/7844.39
[12-52] 瓷板每块面积0.025m2以外 粉状型建筑胶贴剂/100m2/8227.08
[12-53] 面砖每块面积0.01m2以内 预拌砂浆（干混）面砖灰缝5mm/100m2/8075.46
[12-54] 面砖每块面积0.01m2以内 预拌砂浆（干混）面砖灰缝10mm以内/100m2/7931.96
[12-55] 面砖每块面积0.01m2以内 粉状型建筑胶贴剂 面砖灰缝5mm/100m2/8496.78
[12-56] 面砖每块面积0.01m2以内 粉状型建筑胶贴剂 面砖灰缝10mm以内/100m2/8372.10
[12-57] 面砖每块面积0.02m2以内 预拌砂浆（干混）面砖灰缝5mm/100m2/7584.94
[12-58] 面砖每块面积0.02m2以内 预拌砂浆（干混）面砖灰缝10mm以内/100m2/7480.93
[12-59] 面砖每块面积0.02m2以内 粉状型建筑胶贴剂 面砖灰缝5mm/100m2/7936.65
[12-60] 面砖每块面积0.02m2以内 粉状型建筑胶贴剂 面砖灰缝10mm以内/100m2/7619.87
[12-61] 面砖 预拌砂浆（干混）每块面积 ≤0.06m2/100m2/7857.36
[12-62] 面砖 预拌砂浆（干混）每块面积 ≤0.20m2/100m2/7542.27
[12-63] 面砖 预拌砂浆（干混）每块面积 ≤0.64m2/100m2/10314.88
[12-64] 面砖 预拌砂浆（干混）每块面积 >0.64m2/100m2/12149.74
[12-65] 面砖 粉状型建筑胶贴剂 每块面积 ≤0.06m2/100m2/8102.70
[12-66] 面砖 粉状型建筑胶贴剂 每块面积 ≤0.20m2/100m2/7793.10
[12-67] 面砖 粉状型建筑胶贴剂 每块面积 ≤0.64m2/100m2/10563.98
[12-68] 面砖 粉状型建筑胶贴剂 每块面积 >0.64m2/100m2/12396.83
[12-69] 面砖 加浆勾缝 5mm以内/100m2/795.95
[12-70] 面砖 加浆勾缝 10mm以内/100m2/770.98
[12-71] 背栓式干挂面砖/100m2/20404.37
[12-72] 凹凸假麻石 预拌砂浆（干混）/100m2/9608.94
[12-73] 凹凸假麻石 粉状型建筑胶贴剂/100m2/9992.69
[12-74] 钢骨架/t/7206.54
[12-75] 后置件/套/28.76
```

图7-1 墙面块料预算定额指引

(2) 柱（梁）面块料预算定额指引（图7-2）。

```
[12-76] 柱面 挂贴石材/100m2/30744.31
[12-78] 柱面 挂钩式干挂石材/100m2/34634.55
[12-79] 柱面 背栓式干挂石材/100m2/38089.62
[12-80] 石材包圆柱饰面 包圆柱/100m2/32755.03
[12-81] 石材包圆柱饰面 方柱包圆柱/100m2/39044.01

[12-82] 陶瓷锦砖 方柱(梁)面 水泥石膏砂浆/100m2/14917.99
[12-83] 陶瓷锦砖 方柱(梁)面 粉状型建筑胶贴剂/100m2/15284.22
[12-84] 玻璃马赛克 方柱(梁)面 水泥石膏砂浆/100m2/14116.64
[12-85] 玻璃马赛克 方柱(梁)面 粉状型建筑胶贴剂/100m2/14483.91
[12-86] 方柱(梁)面 预拌砂浆(干混)/100m2/7932.33
[12-87] 方柱(梁)面 粉状型建筑胶贴剂/100m2/8269.95
[12-88] 矩形柱 预拌砂浆(干混) 勾缝/100m2/9386.61
[12-89] 矩形柱 预拌砂浆(干混) 密缝/100m2/9156.73
[12-90] 圆形柱 预拌砂浆(干混) 勾缝/100m2/9684.11
[12-91] 圆形柱 预拌砂浆(干混) 密缝/100m2/9754.81
[12-92] 矩形柱 粉状型建筑胶贴剂 勾缝/100m2/9458.04
[12-93] 矩形柱 粉状型建筑胶贴剂 密缝/100m2/9256.68
[12-94] 圆形柱 粉状型建筑胶贴剂 勾缝/100m2/10068.89
[12-95] 圆形柱 粉状型建筑胶贴剂 密缝/100m2/10139.59
[12-96] 柱面 凹凸假麻石 预拌砂浆(干混)/100m2/10523.27
[12-97] 柱面 凹凸假麻石 粉状型建筑胶贴剂/100m2/11005.39

[12-77] 柱面 拼碎石材/100m2/43903.88

[12-76] 柱面 挂贴石材/100m2/30744.31
[12-78] 柱面 挂钩式干挂石材/100m2/34634.55
[12-79] 柱面 背栓式干挂石材/100m2/38089.62
[12-80] 石材包圆柱饰面 包圆柱/100m2/32755.03
[12-81] 石材包圆柱饰面 方柱包圆柱/100m2/39044.01

[12-82] 陶瓷锦砖 方柱(梁)面 水泥石膏砂浆/100m2/14917.99
[12-83] 陶瓷锦砖 方柱(梁)面 粉状型建筑胶贴剂/100m2/15284.22
[12-84] 玻璃马赛克 方柱(梁)面 水泥石膏砂浆/100m2/14116.64
[12-85] 玻璃马赛克 方柱(梁)面 粉状型建筑胶贴剂/100m2/14483.91
[12-86] 方柱(梁)面 预拌砂浆(干混)/100m2/7932.33
[12-87] 方柱(梁)面 粉状型建筑胶贴剂/100m2/8269.95
```

图7-2 柱（梁）面块料预算定额指引

(3) 零星块料预算定额指引（图7-3）。

```
[12-98] 挂贴石材/100m2/30284.24
[12-102] 柱墩/100m/63250.06
[12-103] 柱帽/100m/64302.43

[12-104] 陶瓷锦砖 水泥石膏砂浆/100m2/14949.07
[12-105] 陶瓷锦砖 粉状型建筑胶贴剂/100m2/15479.12
[12-106] 玻璃马赛克 水泥石膏砂浆/100m2/14183.48
[12-107] 玻璃马赛克 粉状型建筑胶贴剂/100m2/14619.96
[12-108] 瓷板 预拌砂浆(干混)/100m2/8612.52
[12-109] 瓷板 粉状型建筑胶贴剂粘贴/100m2/9060.33
[12-110] 面砖 预拌砂浆(干混) 勾缝/100m2/8836.56
[12-111] 面砖 预拌砂浆(干混) 密缝/100m2/9132.37
[12-112] 面砖 粉状型建筑胶贴剂 勾缝/100m2/9839.74
[12-113] 面砖 粉状型建筑胶贴剂 密缝/100m2/10136.31
[12-114] 凹凸假麻石块 预拌砂浆(干混)/100m2/10722.28
[12-115] 凹凸假麻石块 粉状型建筑胶贴剂/100m2/11213.81

[12-99] 拼碎石材/100m2/43512.40
[12-100] 粘贴石材 预拌砂浆(干混)/100m2/27463.12
[12-101] 粘贴石材 粉状型建筑胶贴剂/100m2/27924.19
```

图7-3 零星块料预算定额指引

现场认识

结合日常生活场所中的墙柱面，你能区分出什么是独立柱与附墙柱吗？

任务描述

已知某食堂钢筋独立柱结构尺寸为 450 mm×600 mm，柱面做法为赣 03J001－78－内墙 45，柱净高为 4.8 m，该型柱共有 26 根，现要求根据图纸做法完成柱面块料的清单及预算编制（表 7-4）。

表 7-4　柱面做法

编号	名称	做法及说明	备注
内墙 14	贴大理石墙面（砖墙）	1. 6 mm 厚 M907 石材胶粘剂粘贴 10 厚大理石板，稀白水泥擦缝； 2. 12 mm 厚 1:3 水泥砂浆打底扫毛	1. 每块板材尺寸<400 mm×400 mm； 2. 贴的施工高度应满足施工规范要求
内墙 45	贴大理石墙面（混凝土墙）	1、2 条同内墙 44 第 1、2 条； 3. 喷（刷）混凝土界面处理剂一遍	1. 每块板材尺寸<400 mm×400 mm； 2. 贴的施工高度应满足施工规范要求

任务引导

你知道什么是柱净高吗？

识图分析

本次预算任务已经完整把柱相关信息提供了，因此，不需要考虑识图问题。一般来说，计算柱面装饰之前要通过建筑平面图识读出该柱类型、截面尺寸及相同柱的根数。再根据装饰做法表识读出墙柱面的装修做法即可。

预算列项

1. 清单列项

根据清单指引，本任务所对应的工程量清单子目是石材柱面项目。

2. 定额列项分析

根据清单项目特征与定额对应关系，列出石材柱面项目对应的定额子目。

问题讨论

（1）墙面砖与地面砖有什么区别？

(2) 石材表面处理有哪些类型？它们价格有差异吗？

工程算量

1. 计算规则

(1) 清单工程量计算规则。柱（梁）面镶贴块料按镶贴表面积计算，即饰面周长乘以柱面净高计算。

(2) 定额工程量计算规则。同清单计算规则，在此不再赘述。

2. 算量方法

根据计算规则，从图纸上读取出来柱结构的长度和宽度，再结合墙柱面装饰做法确定装饰厚度，即可计算出饰面长度和宽度，由此计算出饰面周长后乘以柱净高即可计算出柱面块料面积。

3. 算量过程

现以上述石材柱面为例进行工程量计算，具体见表7-5。

表7-5 工程计量单

楼层	轴号、房间名	项目名称或材料名称	单位	计算公式	工程量
1	食堂	柱面混凝土界面处理剂	m^2	$(0.45+0.6)×2×4.8×26$	262.08
		柱面水泥砂浆打底	m^2	$(0.45+0.6)×2×4.8×26$	262.08
		柱面大理石面	m^2	$(0.45+0.028+0.6+0.028)×2×4.8×26$	276.06

4. 工程量清单编制

清单编制的难点在于准确、完整地填写项目特征，项目特征须参照清单指引结合图纸设计完整填写（表7-6）。

表7-6 清单与计价表

序号	项目编码	项目名称	项目特征描述	计量单位	工程量	综合单价	合价	其中暂估价
		分部分项工程费						
1	011205001001	石材柱面	大理石柱面 1. 6 mm厚M907石材胶粘剂粘贴10 mm厚大理石板，稀白水泥擦缝 2. 12 mm厚1∶3水泥砂浆打底扫毛 3. 喷（刷）混凝土界面处理剂一遍	m^2	276.06			

问题讨论

请在教师的指导下讨论柱面结构周长与饰面周长的区别。

_____

_____

_____

◎ 工程计价

1. 定额套用

参照《江西预算定额》,以石材柱面项目为例,定额套用详见表 7-7,具体套用定额方法请扫描右侧二维码。

表 7-7 定额套用表

序号	定额编号	项目名称	单位	工程量	单价/元 单价	单价/元 工资	总价/元 总价	总价/元 工资
1	12—93 换	矩形柱 粉状型建筑胶贴剂 密缝 现拌砂浆 换:水泥砂浆 M10 换:10 mm 厚大理石板	100 m²	2.621	8 758.03	3 657.02	22 954.80	9 585.05
2	12—22	墙面界面剂	100 m²	2.621	171.13	103.78	448.53	272.01
3	12—21 换	打底找平 15 mm 厚 现拌砂浆 换:水泥砂浆 1:3	100 m²	2.761	1 355.52	1 069.44	3 742.59	2 952.72

问题讨论

请在教师的指导下讨论柱面打底砂浆与石材柱面的算量区别。

_____

_____

_____

2. 定额费用合计

在第 3 步定额套价的基础上,汇总出装饰工程的定额费用(表 7-8)。

表 7-8 定额取费表

序号	定额编号	项目名称	定额费小计/元 总价	定额费小计/元 工资	专业归属	备注
1	12—93 换	矩形柱 粉状型建筑胶贴剂 密缝 现拌砂浆 换:水泥砂浆 M10 换:10 mm 厚大理石板	22 954.80	9 585.05	装饰	定额费用数据来源为表 7-7
2	12—22	墙面界面剂	448.53	272.01		
3	12—21 换	打底找平 15 mm 厚 现拌砂浆 换:水泥砂浆 1:3	3 742.59	2 952.72		
4		装饰专业定额费小计	27 145.92	12 809.78		

问题讨论

柱面块料粘贴与块料挂贴、干挂计价有什么区别？

_____

_____

3. 综合单价计算

根据《江西费用定额》，在分专业定额费用基础上计取企业管理费和利润，并汇总出装饰费用合计，再根据清单工程量计算出清单综合单价（表7-9）。

表 7-9　清单综合单价计算表

序号	定额编号	项目名称	单位	费用/元	
				定额费用	其中：人工费
一		装饰定额费用	元	27 145.92	12 809.78
二		企业管理费	人工费×(10.05%＋0.83%)	元	1 393.70
三		利润	人工费×7.41%	元	949.20
四		装饰总费用	一＋二＋三	元	29 488.83
五		清单工程量		m²	276.06
六		综合单价	四÷五	元/m²	106.82

问题讨论

请在教师的指导下讨论零星块料项目如何计算工程量和如何计价。

_____

_____

◎ 任务检查

在完成上述预算任务后，需要针对施工图识读、工程量计算、清单编制、定额套用及综合取费进行检查，并根据检查情况填写自查表（表7-10）。

表 7-10　自查表

序号	检查项目	检查内容	检查结果（无误填"√"，有误填"×"并加以整改）
1	施工图识读	主要检查构造做法、材质规格及预算范围等方面	
2	工程量计算	检查主要包括计算单位、计算方法和计算结果等方面	
3	清单编制	检查主要包括清单编码、项目名称、项目特征、计量单位和工程量填写等方面	
4	定额套用	检查主要包括定额选用、定额换算、材质规格、定额工程量是否对应项目特征（或图纸说明）、工程量等方面	
5	综合取费	检查主要包括定额费用项目是否有遗漏、计算程序和计算费率是否符合《江西费用定额》的规定、计算结果是否有错误三个方面	

🎯 任务评价

在完成各项预算任务后，需要根据完成的准确性、时效性、完整性和规范性进行自我评价、小组评价和教师评价，并填写评价表（表7-11）。

表7-11　评价表

序号	评价内容		自我评价	小组评价	教师评价
1	预算准确性（50分）	如发现以下几类错误扣分（各类问题每发现1处扣5分，扣完为止）：(1)工程量计算规则的选用错误；(2)工程量计算错误；(3)错套定额；(4)未按照有关规定取费；(5)总造价汇总错误；(6)项目特征描述错误；(7)其他错误			
2	预算及时性（20分）	在规定时间内完成得满分（20分），未按期完成工作任务的每延期2 min扣1分			
3	预算完整性（20分）	预算成果应包括工程计量单、清单与计价表、定额套用表、定额取费表、清单综合单价计算表（是否符合基本建设程序、是否超出项目概算、合同价及超出的原因等）、审核定案表，每遗漏一张表扣4分，直至扣完为止			
4	预算规范性（10分）	预算报告要求格式规范，具体包括计算单位、定额编号、清单编码、计量单位、小数点取舍等都须严格按规范要求。发现不规范的每一处扣2分，扣完为止			
5	预算评价分	1～4项合计（满分100分）			

🎯 素养提升

从柱面阳角抹灰或块料阳角处理，可以感悟出墙面施工的细节要求，这些都是未来工匠需要训练的方向。

课外作业

请参照柱面块料的计价方法，尝试完零星块料项目的计量和计价。

🎯 以赛促学

相关赛题参见全国职业院校技能大赛官网（http://www.nvsc.com.cn/sqbz-mj/）。

任务八 墙饰面

知识目标

(1) 了解墙饰面的材质类型及规格。
(2) 了解墙饰面的施工工艺。
(3) 掌握墙饰面工程量计算规则。

能力目标

(1) 能够掌握墙饰面施工工艺与预算的关联性。
(2) 能够掌握墙饰面计量、计价及取费方法。

素质目标

(1) 从墙饰面构造剖析每一层的功能和作用,引导学生树立担当意识。
(2) 从墙饰面施工工艺对比案例,引导学生养成规范意识和标准意识。
(3) 结合墙饰面预算经验,培养工匠精神。

教与学

知识准备

常见墙饰面龙骨材质可分为木龙骨、轻钢龙骨、铝合金龙骨、型钢龙骨等;基层板可分为石膏板、胶合板及细木工板(又称大芯板);面层材质可分为镜面玻璃、激光玻璃、不锈钢面板、人造革、塑料板、木质饰面板、硬木板条、石膏板、竹片、铝单板、铝塑板、镀锌薄钢板、纤维板、刨花板、杉木薄板、木丝板、塑料扣板、FC板等。木龙骨是木材经过加工而成的,一般为长方形或正方形的,木龙骨尺寸无特别限制,可以供选择的尺寸也比较多。墙饰面木龙骨常见的规格有 20 mm×30 mm、25 mm×35 mm、30 mm×40 mm 等,镀锌轻钢龙骨常见的规格有 75 mm×50 mm、75 mm×40 mm 等,铝合金常见龙骨为 T 形,高度 $h=35$ mm 等;基层和面层板厚度有 3 mm、5 mm、9 mm、12 mm、15 mm、18 mm 等。

以石膏板背景墙为例,施工工艺为施工准备→弹线定位→安装沿顶龙骨、沿地龙骨→安装门洞框、竖龙骨→安装横向卡挡龙骨→安装排布设备管线→安装石膏罩面板→缝隙处理→乳胶漆饰面。不同材质背景墙施工工艺流程有所不同,具体内容详见建筑施工技术课程。

问题讨论

请在课前复习以前所学建筑施工技术课程有关墙饰面施工的内容,讨论墙饰面各构造层次的功能和作用。

素质引申

结合墙饰面各构造层次的功能和作用,你觉得对我们做人有什么启示?

标准规范

1. 墙饰面清单计价指引

墙饰面工程量清单项目的设置、项目特征描述的内容、计量单位及工程量计算规则应按表 8-1 的规定执行。

表 8-1 墙饰面(编码:011207)

项目编码	项目名称	项目特征	计量单位	工程量计算规则	工作内容
011207001	墙面装饰板	1. 龙骨材料种类、规格、中距 2. 隔离层材料种类、规格 3. 基层材料种类、规格 4. 面层材料品种、规格、颜色 5. 压条材料种类、规格	m²	按设计图示墙净长乘净高以面积计算。扣除门窗洞口及单个 >0.3 m² 的孔洞所占面积	1. 基层清理 2. 龙骨制作、运输、安装 3. 钉隔离层 4. 基层铺钉 5. 面层铺贴

2. 墙饰面预算定额指引

墙饰面预算定额指引如图 8-1 所示。

[12-116] 断面7.5cm²以内 木龙骨平均中距(cm以内) 30/100m2/201
[12-117] 断面7.5cm²以内 木龙骨平均中距(cm以内) 40/100m2/167
[12-118] 断面13cm²以内 木龙骨平均中距(cm以内) 30/100m2/2604
[12-119] 断面13cm²以内 木龙骨平均中距(cm以内) 40/100m2/2150
[12-120] 断面13cm²以内 木龙骨平均中距(cm以内) 45/100m2/1980
[12-121] 断面20cm²以内 木龙骨平均中距(cm以内) 30/100m2/3342
[12-122] 断面20cm²以内 木龙骨平均中距(cm以内) 40/100m2/2800
[12-123] 断面20cm²以内 木龙骨平均中距(cm以内) 45/100m2/2593
[12-124] 断面20cm²以内 木龙骨平均中距(cm以内) 50/100m2/2355
[12-125] 断面30cm²以内 木龙骨平均中距(cm以内) 40/100m2/3759
[12-126] 断面30cm²以内 木龙骨平均中距(cm以内) 45/100m2/3476
[12-127] 断面30cm²以内 木龙骨平均中距(cm以内) 50/100m2/3250
[12-128] 断面30cm²以内 木龙骨平均中距(cm以内) 55/100m2/2963
[12-129] 断面45cm²以内 木龙骨平均中距(cm以内) 50/100m2/4201
[12-130] 断面45cm²以内 木龙骨平均中距(cm以内) 60/100m2/3798
[12-131] 断面45cm²以内 木龙骨平均中距(cm以内) 80/100m2/3404
[12-132] 轻钢龙骨 中距(mm以内) 竖603横1500/100m2/2242.83
[12-133] 铝合金龙骨 中距(mm以内) 单向500/100m2/4347.45
[12-134] 型钢龙骨 中距(mm以内) 单向1500/100m2/1951.98
[12-135] 玻璃棉毡隔离层/100m2/2727.63
[12-136] 石膏板基层/100m2/1637.01
[12-137] 胶合板基层 5mm/100m2/2126.81
[12-138] 胶合板基层 9mm/100m2/2549.56
[12-139] 细木工板基层/100m2/4784.13
[12-140] 油毡隔离层/100m2/882.04
[12-141] 镜面玻璃 在胶合板上粘贴/100m2/12734.77
[12-142] 镜面玻璃 在抹灰面上粘贴/100m2/15168.47
[12-143] 镭射玻璃 在胶合板上粘贴/100m2/12367.49
[12-144] 镭射玻璃 在抹灰面上粘贴/100m2/14792.17

图 8-1 墙饰面预算定额指引

[12-145] 不锈钢面板 墙面/100m2/27074.60
[12-146] 不锈钢面板 不锈钢卡口槽/100m/2702.19
[12-147] 贴人造革 墙面、墙裙/100m2/6506.84
[12-148] 贴丝绒 墙面、墙裙/100m2/5066.48
[12-149] 塑料板面 墙面、墙裙/100m2/2182.45
[12-150] 木质饰面板 墙面、墙裙/100m2/4250.07
[12-151] 硬木条吸音墙面/100m2/8006.90
[12-152] 硬木板条墙面/100m2/5719.07
[12-153] 石膏板墙面/100m2/2822.74
[12-154] 竹片内墙面/100m2/3521.64
[12-155] 电化铝板墙面/100m2/9958.70
[12-156] 铝合金装饰板墙面/100m2/10544.67
[12-157] 铝合金复合板墙面 胶合板基层上/100m2/7462.97
[12-158] 铝合金复合板墙面 木龙骨基层上/100m2/6873.91
[12-159] 镀锌铁皮墙面/100m2/5392.86
[12-160] 纤维板/100m2/2969.20
[12-161] 刨花板/100m2/5249.91
[12-162] 杉木薄板/100m2/5346.84
[12-163] 木丝板/100m2/5862.08
[12-164] 塑料扣板/100m2/3844.22
[12-165] 石棉板墙面 钉在木梁上/100m2/688.77
[12-166] 石棉板墙面 安在钢梁上/100m2/1043.34
[12-167] 柚木皮/100m2/4043.59
[12-168] 岩棉吸音板/100m2/1568.21
[12-169] FC板/100m2/4121.68
[12-170] 超细玻璃棉板/100m2/1397.22
[12-171] 木制饰面板拼色、拼花/100m2/4727.94
[12-172] 墙面丝绒面料软包(木龙骨五夹板衬底) 装饰线条分格/100m2/24268.77
[12-173] 墙面丝绒面料软包(木龙骨五夹板衬底) 装饰板分格/100m2/20161.13

图 8-1 墙饰面预算定额指引（续）

现场认识

结合日常生活的场所，你在哪些地方见到过墙饰面？饰面面层是什么材质？

任务描述

根据某银行现金区的立面索引图、立面图及大样图（图 8-2～图 8-4），现要求根据图纸做法完成该墙饰面的清单及预算编制。

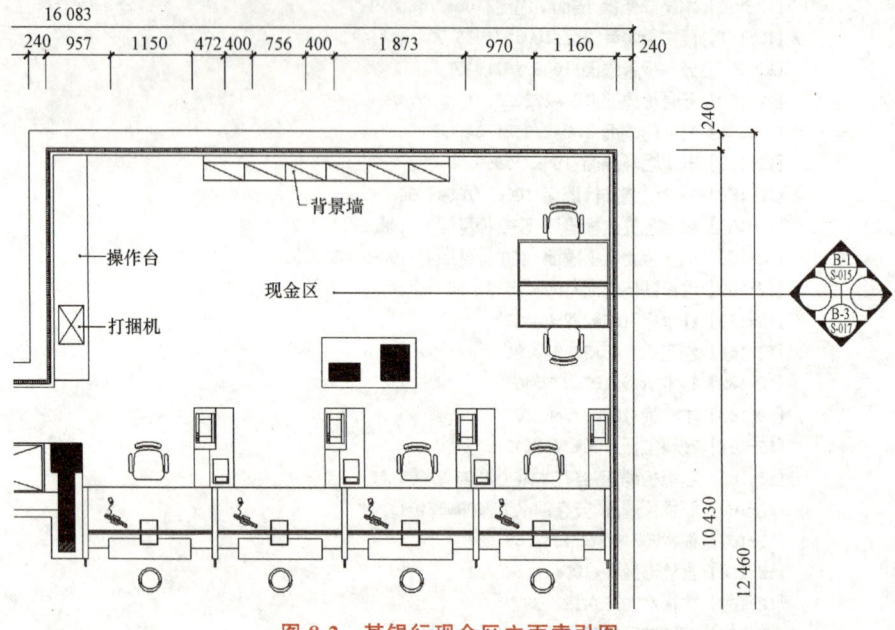

图 8-2 某银行现金区立面索引图

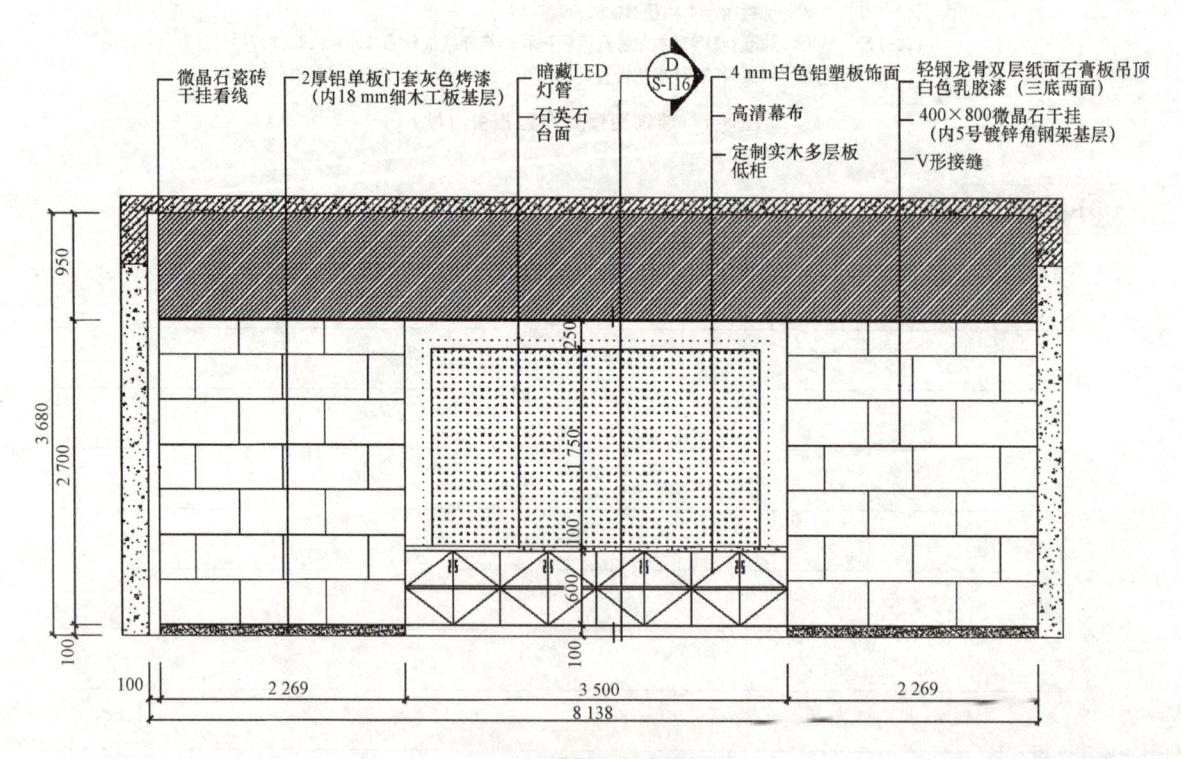

现金区 B—1 立面图

图 8-3 某银行现金区立面图

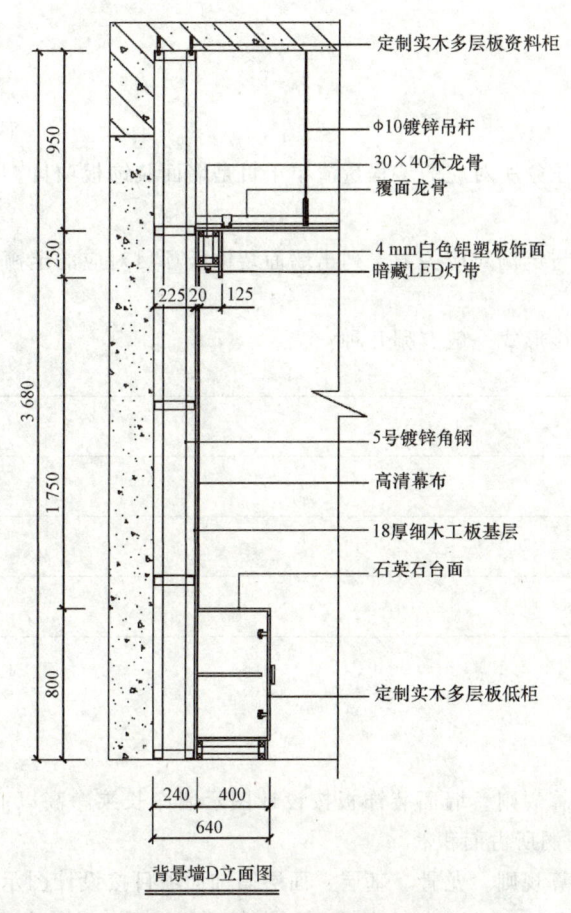

图 8-4　某银行现金区大样图

任务引导
你知道什么是立面索引图吗?

_____
_____
_____
_____

识图分析

1. 图纸识读要求

本次预算任务识读重点是根据立面索引图找对应的立面图,然后根据立面图识读出墙饰面所用材质、饰面宽度和高度等重要信息,再结合大样图可以分析出墙饰面的构造做法等重要信息,在此过程中要结合设计说明等文字表述明确相关施工工艺及通用做法要求。

2. 图纸识读步骤

图纸识读步骤:设计说明→立面索引图→立面图→做法大样图集。

需要注意的是,有些材质在立面图上是以代号表示的,需要结合材料表来识读出对应的具体材质和规格等信息。

预算列项

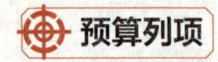

1. 清单列项

根据清单指引，本任务所对应的工程量清单子目是墙面装饰板项目。

2. 定额列项分析

根据清单项目特征与定额对应关系，列出墙面装饰板项目对应的定额子目。

问题讨论

饰面板与龙骨的连接形式一般有哪几种？

_____

_____

_____

_____

工程算量

1. 计算规则

（1）清单工程量计算规则。墙面装饰板按设计图示墙净长乘净高以面积计算。扣除门窗洞口及单个 $>0.3 \text{ m}^2$ 的孔洞所占面积。

（2）定额工程量计算规则。龙骨、基层、面层墙饰面项目按设计图示饰面尺寸以面积计算，扣除门窗洞口及单个面积 $>0.3 \text{ m}^2$ 以上的空圈所占的面积，不扣除单个面积 $\leqslant 0.3 \text{ m}^2$ 的孔洞所占面积，门窗洞口及孔洞侧壁面积也不增加。

2. 算量方法

根据计算规则，从立面图上先读取出来墙饰面龙骨、基层、面层的长度和宽度，两者相乘即可计算出饰相应墙饰面的面积。

3. 算量过程

现以上述墙饰面为例进行工程量计算，具体见表8-2。

表8-2　工程计量单

楼层	轴号、房间名	项目名称或材料名称	单位	计算公式	工程量
		5号镀锌角钢龙骨	m²	3.5×2	7
		18 mm细木工板基层	m²	3.5×2+[(3.5+2×2)+(3+1.75×2)]/2×(0.25+0.125)	9.625
		高清幕布面层	m²	3×1.75	5.25
		木龙骨基层（本图中为单向龙骨）	m²	[(3.5+2×2)+(3+1.75×2)]/2×0.25	1.75
		4 mm白色铝塑板饰面	m²	[(3.5+2×2)+(3+1.75×2)]/2×0.268	1.876

续表

楼层	轴号、房间名	项目名称或材料名称	单位	计算公式	工程量
3	小计	5号镀锌角钢龙骨	m²	3.5×2	7
		18 mm细木工板基层	m²	3.5×2+[(3.5+2×2)+(3+1.75×2)]/2×(0.25+0.125)	9.625
		高清幕布面层	m²	3×1.75	5.25
		木龙骨基层（本图中为单向龙骨）	m²	[(3.5+2×2)+(3+1.75×2)]/2×0.25	1.75
		4 mm白色铝塑板饰面	m²	[(3.5+2×2)+(3+1.75×2)]/2×0.268	1.876

4. 工程量清单编制

工程量清单编制的难点在于准确、完整填写项目特征，项目特征须参照清单指引结合图纸设计完整填写（表8-3）。

表8-3　清单与计价表

序号	项目编码	项目名称	项目特征描述	计量单位	工程量	综合单价	合价	其中 暂估价
		分部分项工程费						
1	011207001001	墙面装饰板	1. 5号镀锌角钢龙骨，四周30 mm×40 mm木龙骨 2. 18 mm细木工板基层 3. 4 mm白色铝塑板四周饰面，中间高清幕布背景（做法详见图纸）	m²	7			

问题讨论

请在教师的指导下讨论墙饰面龙骨、基层、面层的算量区别。

——— 77 ———

工程计价

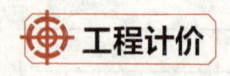

1. 定额套用

参照《江西预算定额》,以石材柱面项目为例,定额套用详见表8-4,具体套用定额方法请扫描右侧二维码。

表8-4 定额套用表

序号	定额编号	项目名称	单位	工程量	单价/元 单价	单价/元 工资	总价/元 总价	总价/元 工资
1	12—120	断面13 cm² 以内 木龙骨平均中距(45 cm以内)	100 m²	0.017 5	2 234.58	632.45	40.22	11.38
2	12—134	型钢龙骨 中距(mm以内)单向1 500 mm	100 m²	0.07	2 114.39	404.35	148.01	28.30
3	12—139	墙饰面 细木工板基层	100 m²	0.07	5 005.66	551.52	480.54	52.95
4	12—148	贴丝绒 墙面、墙裙	100 m²	0.052 5	5 457.39	973.25	289.24	51.58
5	13—96	铝塑板 贴在胶合板上	100 m²	0.018 76	7 401.56	995.90	140.63	18.92

问题讨论

请在教师的指导下讨论墙饰面龙骨截面换算。

_____

_____

2. 定额费用合计

在第3步定额套价基础上,汇总出装饰工程定额费用(表8-5)。

表8-5 定额取费表

序号	定额编号	项目名称	定额费小计/元 总价	定额费小计/元 工资	专业归属	备注
1	12—120	断面13 cm² 以内 木龙骨平均中距(45 cm以内)	40.22	11.38	装饰	定额费用数据来源为表8-4
2	12—134	型钢龙骨 中距(mm以内)单向1 500 mm	148.01	28.30		
3	12—139	墙饰面 细木工板基层	480.54	52.95		
4	12—148	贴丝绒 墙面、墙裙	289.24	51.58		
5	13—96	铝塑板 贴在胶合板上	140.63	18.92		
6	装饰专业定额费小计(1+2+3+4+5)		1 098.65	163.14		

问题讨论

请在教师的指导下讨论墙饰面木龙骨计价要注意的问题。

_____

_____

3. 综合单价计算

根据《江西费用定额》,在分专业定额费用基础上计取企业管理费和利润,并汇总出装饰费用合计,再根据清单工程量计算出清单综合单价(表 8-6)。

表 8-6　清单综合单价计算表

序号	定额编号	项目名称	项目名称	单位	费用/元	费用/元
					定额费用	其中:人工费
一		装饰定额费用		元	1 098.65	163.14
二		企业管理费	人工费×(10.05%+0.83%)	元	17.75	
三		利润	人工费×7.41%	元	12.09	
四		装饰总费用	一+二+三	元	1 128.49	
五		清单工程量		m²	7.00	
六		综合单价	四÷五	元/m²	161.21	

问题讨论

请在教师的指导下讨论墙饰面龙骨、基层、面层的规格对预算的影响。

_____

_____

_____

_____

_____

任务检查

在完成上述预算任务后,需要针对施工图识读、工程量计算、清单编制、定额套用及综合取费进行检查,并根据检查情况填写自查表(表 8-7)。

表 8-7　自查表

序号	检查项目	检查内容	检查结果(无误填"√",有误填"×"并加以整改)
1	施工图识读	主要检查构造做法、材质规格及预算范围等方面	
2	工程量计算	检查主要包括计算单位、计算方法和计算结果等方面	
3	清单编制	检查主要包括清单编码、项目名称、项目特征、计量单位和工程量填写等方面	
4	定额套用	检查主要包括定额选用、定额换算、材质规格、定额工程量是否对应项目特征(或图纸说明)、工程量等方面	
5	综合取费	检查主要包括定额费用项目是否有遗漏、计算程序和计算费率是否符合《江西费用定额》的规定、计算结果是否有错误三个方面	

任务评价

在完成各项预算任务后,需要根据完成的准确性、时效性、完整性和规范性进行自我评价、小组评价和教师评价,并填写评价表(表 8-8)。

表 8-8 评价表

序号	评价内容		自我评价	小组评价	教师评价
1	预算准确性(50 分)	如发现以下几类错误扣分(各类问题每发现 1 处扣 5 分,扣完为止):(1)工程量计算规则的选用错误;(2)工程量计算错误;(3)错套定额;(4)未按照有关规定取费;(5)总造价汇总错误;(6)项目特征描述错误;(7)其他错误			
2	预算及时性(20 分)	在规定时间内完成得满分(20 分),未按期完成工作任务的每延期 2 min 扣 1 分			
3	预算完整性(20 分)	预算成果应包括:工程计量单、清单与计价表、定额套用表、定额取费表、清单综合单价计算表(是否符合基本建设程序、是否超出项目概算、合同价及超出的原因等)、审核定案表,每遗漏一张表扣 4 分,直至扣完为止			
4	预算规范性(10 分)	预算报告要求格式规范,具体包括计算单位、定额编号、清单编码、计量单位、小数点取舍等都须严格按规范要求。发现不规范的每一处扣 2 分,扣完为止			
5	预算评价分	1~4 项合计(满分 100 分)			

素养提升

从墙饰面构造做法来看,龙骨和基层对墙饰面的耐久与可靠性至关重要,而这恰恰是隐蔽工程,也就是施工完成后是会被面层覆盖,作为工程技术人员要想方设法保证这些重要工序的质量得到保证。

课外作业

请参照本案例墙饰面的计价方法,尝试完本银行其他房间的墙面饰面的计量和计价。

以赛促学

相关赛题参见全国职业院校技能大赛官网(http://www.nvsc.com.cn/sqbz-mj/)。

任务九 柱（梁）面装饰

知识目标
(1) 了解柱（梁）面的构造组成。
(2) 了解柱（梁）面的施工工艺。
(3) 掌握柱（梁）面工程量计算规则。

能力目标
(1) 能够掌握柱（梁）面干挂钢骨架分析。
(2) 能够掌握柱（梁）面计量、计价及取费方法。

素质目标
(1) 从柱（梁）面构造工艺要求，引导学生养成规范意识和标准意识。
(2) 结合柱（梁）面预算经验，培养工匠精神。

教与学

知识准备

常见柱（梁）面龙骨材质可分为木龙骨、轻钢龙骨、铝合金龙骨、型钢龙骨等。龙骨、基层板和面层规格与墙饰面基本相同，在此不再赘述。干挂石材骨架及玻璃幕墙型钢骨架均按钢骨架项目执行。预埋铁件按铁件制作安装项目执行。

柱（梁）面施工工艺流程与墙饰面基本相同，具体内容详见建筑施工技术课程。

问题讨论

请在课前复习以前所学建筑施工技术课程有关柱（梁）面施工的内容，讨论柱（梁）面型钢龙骨与干挂石材骨架的差异。

素质引申

结合柱（梁）面构造要求，这对做人有什么启示？

标准规范

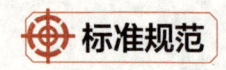

1. 柱（梁）面清单计价指引

柱（梁）面工程量清单项目的设置、项目特征描述的内容、计量单位及工程量计算规则应按表 9-1 的规定执行。

表 9-1 柱（梁）饰面（编码：011208）

项目编码	项目名称	项目特征	计量单位	工程量计算规则	工作内容
011208001	柱（梁）面装饰	1. 龙骨材料种类、规格、中距 2. 隔离层材料种类 3. 基层材料种类、规格 4. 面层材料品种、规格、颜色 5. 压条材料种类、规格	m²	按设计图示饰面外围尺寸以面积计算。柱帽、柱墩并入相应柱饰面工程量内	1. 清理基层 2. 龙骨制作、运输、安装 3. 钉隔离层 4. 基层铺钉 5. 面层铺贴

2. 柱（梁）面预算定额指引

柱（梁）面预算定额指引如图 9-1 所示。

```
[12-174] 圆柱包铜 方柱包圆铜/100m2/46598.26
[12-175] 圆柱包铜 钢龙骨/100m2/46061.65
[12-176] 圆柱包铜 木龙骨/100m2/45643.93
[12-177] 包方柱镶条 不锈钢条板 镶钛金条/100m2/37735.23
[12-178] 包方柱镶条 不锈钢条板 包圆角/100m2/34333.13
[12-179] 包方柱镶条 钛金条板 镶不锈钢条板/100m2/39141.89
[12-180] 包方柱镶条 钛金条板 包圆角/100m2/35783.03
[12-181] 包方柱镶条 柚木夹板 镶不锈钢条板/100m2/19474.55
[12-182] 包方柱镶条 柚木夹板 镶钛金条板/100m2/20579.69
[12-183] 包方柱镶条 不锈钢板 镶磨砂钢板/100m2/32534.16
[12-184] 包方柱镶条 钛金钢板 镶磨砂钢板/100m2/34491.35
[12-185] 包圆柱镶条 柚木板 镶钛金条/100m2/14983.04
[12-186] 包圆柱镶条 柚木板 镶防火板/100m2/11880.53
[12-187] 包圆柱镶条 防火板 镶钛金条/100m2/16992.43
[12-188] 包圆柱镶条 防火板 镶不锈钢/100m2/16604.25
[12-189] 包圆柱镶条 波音板 镶钛金条/100m2/15623.68
[12-190] 包圆柱镶条 波音板 镶防火板条/100m2/12593.94
[12-191] 包圆柱镶条 波音板 包圆柱/100m2/12351.23
[12-192] 包圆柱镶条 波音软片 包圆柱/100m2/11769.87
[12-193] 包圆柱 木龙骨三夹板衬里 人造革/100m2/12336.78
[12-194] 包圆柱 木龙骨三夹板衬里 饰面夹板/100m2/10989.34
[12-195] 包圆柱 木龙骨三夹板衬里 防火板/100m2/13818.12
[12-196] 包圆柱 木龙骨三夹板衬里 铝板/100m2/27882.84
[12-197] 包方柱 木龙骨胶合板衬里 镜面玻璃/100m2/16116.07
[12-198] 包方柱 木龙骨胶合板衬里 镭射玻璃/100m2/15575.32
[12-199] 包方柱 木龙骨胶合板衬里 饰面夹板/100m2/10396.80
[12-200] 包方柱 木龙骨胶合板衬里 防火板/100m2/13343.86
[12-201] 包方柱 木龙骨胶合板衬里 铝板/100m2/26351.76
[12-202] 镜面玻璃 在胶合板上粘贴/100m2/14589.82
```

图 9-1 柱（梁）面预算定额指引

[12-203] 镜面玻璃 在抹灰面上粘贴/100m2/14186.57
[12-204] 镭射玻璃 在胶合板上粘贴/100m2/14297.33
[12-205] 镭射玻璃 在抹灰面上粘贴/100m2/13810.27
[12-206] 不锈钢面板 方形梁、柱面/100m2/25385.51
[12-207] 不锈钢面板 圆形梁、柱面/100m2/26079.13
[12-208] 不锈钢面板 柱帽、柱脚及其他/100m2/27474.02
[12-209] 贴人造革 柱面/100m2/11052.14

图9-1 柱（梁）面预算定额指引（续）

现场认识

结合日常生活中的场所，你在哪些地方见到过柱（梁）饰面？

任务描述

已知某学校舞蹈室的柱饰面立面索引图、立面图及大样图（图9-2～图9-4），现要求根据图纸做法完成该柱（梁）面的清单及预算编制。

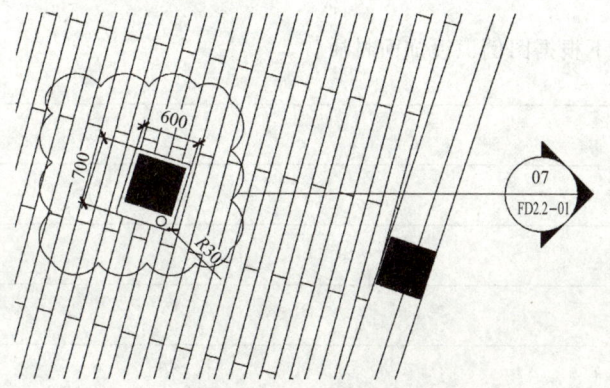

图9-2 某学校舞蹈室柱饰面立面索引图

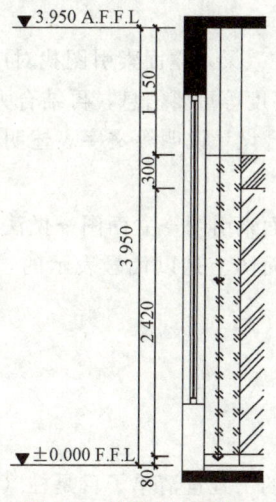

图9-3 柱饰面立面图

木方刷防火涂料

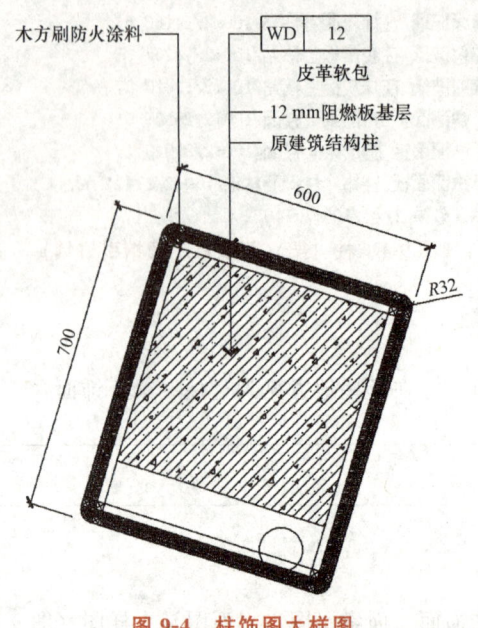

WD | 12
皮革软包
12 mm阻燃板基层
原建筑结构柱

600
700
R32

图 9-4　柱饰图大样图

任务引导
请在教师的指引下根据图例识读饰面材质。

_____
_____
_____
_____
_____

识图分析

1. 图纸识读要求

本次预算任务识读重点是根据柱（梁）立面索引图找对应的立面图，然后根据立面图识读出柱（梁）面所用材质、饰面宽度和高度等重要信息，再结合大样图可以分析出柱（梁）面的构造做法等重要信息，在此过程中要结合设计说明等文字表述明确相关施工工艺及通用做法要求。

2. 图纸识读步骤

图纸识读步骤：设计说明→立面索引图→立面图→做法大样图集。

需要注意的是，有些材质在立面图上是以代号表示的，需要结合材料表来识读出对应的具体材质和规格等信息。

预算列项

1. 清单列项

根据清单指引，本任务所对应的工程量清单子目是柱（梁）面装饰项目。

2. 定额列项分析

根据清单项目特征与定额对应关系,列出柱(梁)面装饰项目对应的定额子目。

问题讨论

柱(梁)面装饰的高度如何确定?

_____

_____

_____

工程算量

1. 计算规则

(1) 清单工程量计算规则。柱(梁)面装饰按设计图示饰面外围尺寸以面积计算。柱帽、柱墩并入相应柱饰面工程量内。

(2) 定额工程量计算规则。柱(梁)饰面的龙骨、基层、面层按设计图示饰面尺寸以面积计算,柱帽、柱墩并入相应柱面积计算。

2. 算量方法

根据计算规则,从立面图上先读取出来柱(梁)面龙骨、基层、面层的长度和宽度,两者相乘即可计算出饰相应的面积。

3. 算量过程

现以上述柱(梁)面为例进行工程量计算,具体见表9-2。

表9-2 工程计量单

楼层	轴号、房间名	项目名称或材料名称	单位	计算公式	工程量
1	舞蹈室	木龙骨	m²	(0.6+0.7-0.024×2)×2×2.80	7.01
		阻燃板基层	m²	(0.6+0.7)×2×2.80	7.28
		贴人造革 柱面	m²	(0.6+0.7)×2×2.80	7.28

4. 工程量清单编制

工程量清单编制的难点在于准确、完整填写项目特征,项目特征须参照清单指引结合图纸设计完整填写(图9-3)。

表9-3 清单与计价表

序号	项目编码	项目名称	项目特征描述	计量单位	工程量	综合单价	合价	其中 暂估价
		分部分项工程费						
1	011208001001	柱(梁)面装饰	1. 皮革软包 2. 12 mm 阻燃板基层 3. 木龙骨刷防火涂料	m²	7.28			

问题讨论

请在教师的指导下讨论柱(梁)面龙骨、基层、面层的算量区别。

工程计价

1. 定额套用

参照《江西预算定额》,以柱(梁)饰面项目为例,定额套用详见表9-4,具体套用定额方法请扫描右侧二维码。

表9-4 定额套用表

序号	定额编号	项目名称	单位	工程量	单价/元 单价	单价/元 工资	总价/元 总价	总价/元 工资
1	12—200	包方柱 木龙骨胶合板衬里 防火板	100 m²	0.073	14 677.38	3 320.06	1 071.45	242.36
2	12—209	贴人造革 柱面	100 m²	0.073	12 180.86	2 810.21	889.20	205.15

问题讨论

请在教师的指导下讨论柱(梁)干挂钢龙骨计算工程量。

2. 定额费用合计

在第3步定额套价基础上,汇总出装饰工程定额费用(表9-5)。

表9-5 定额取费表

序号	定额编号	项目名称	定额费小计/元 总价	定额费小计/元 工资	专业归属	备注
1	12—200	包方柱 木龙骨胶合板衬里 防火板	1 071.45	242.36	饰	
2	12—209	贴人造革 柱面	889.20	205.15		
3		装饰专业定额费小计(1+2)	1 960.65	447.51		

问题讨论

请在教师的指导下讨论柱（梁）面木龙骨计价需要注意的问题。

_____

_____

3. 综合单价计算

根据《江西费用定额》，在分专业定额费用基础上计取企业管理费和利润，并汇总出装饰费用合计，再根据清单工程量计算出清单综合单价（表 9-6）。

表 9-6 清单综合单价计算表

序号	定额编号	项目名称	单位	费用/元 定额费用	其中：人工费
一		装饰定额费用	元	1 960.65	447.51
二		企业管理费	人工费×(10.05%＋0.83%)	元	48.69
三		利润	人工费×7.41%	元	33.16
四		装饰总费用	一＋二＋三	元	2 042.50
五		清单工程量		m²	7.28
六		综合单价	四÷五	元/m²	280.56

问题讨论

请在教师的指导下讨论柱（梁）面龙骨、基层、面层的规格对预算的影响。

_____

_____

🎯 任务检查

在完成上述预算任务后，需要针对施工图识读、工程量计算、清单编制、定额套用及综合取费进行检查，并根据检查情况填写自查表（表 9-7）。

表 9-7 自查表

序号	检查项目	检查内容	检查结果（无误填"√"，有误填"×"并加以整改）
1	施工图识读	主要检查构造做法、材质规格及预算范围等方面	
2	工程量计算	检查主要包括计算单位、计算方法和计算结果等方面	
3	清单编制	检查主要包括清单编码、项目名称、项目特征、计量单位和工程量填写等方面	
4	定额套用	检查主要包括定额选用、定额换算、材质规格、定额工程量是否对应项目特征（或图纸说明）、工程量等方面	
5	综合取费	检查主要包括定额费用项目是否有遗漏、计算程序和计算费率是否符合《江西费用定额》的规定、计算结果是否有错误三个方面	

🎯 任务评价

在完成各项预算任务后，需要根据完成的准确性、时效性、完整性和规范性进行自我评价、小组评价和教师评价，并填写评价表（表9-8）。

表 9-8 评价表

序号	评价内容		自我评价	小组评价	教师评价
1	预算准确性（50分）	如发现以下几类错误扣分（各类问题每发现1处扣5分，扣完为止）：（1）工程量计算规则的选用错误；（2）工程量计算错误；（3）错套定额；（4）未按照有关规定取费；（5）总造价汇总错误；（6）项目特征描述错误；（7）其他错误			
2	预算及时性（20分）	在规定时间内完成得满分（20分），未按期完成工作任务的每延期2 min扣1分			
3	预算完整性（20分）	预算成果应包括工程计量单、清单与计价表、定额套用表、定额取费表、清单综合单价计算表（是否符合基本建设程序、是否超出项目概算、合同价及超出的原因等）、审核定案表，每遗漏一张表扣4分，直至扣完为止			
4	预算规范性（10分）	预算报告要求格式规范，具体包括计算单位、定额编号、清单编码、计量单位、小数点取舍等都须严格按规范要求。发现不规范的每一处扣2分，扣完为止			
5	预算评价分	1~4项合计（满分100分）			

🎯 素养提升

从北京人民大会堂金色大厅的柱饰面出发，产生技术进步的感觉，自然产生美丽中国的自豪感和对国家的认同感。

课外作业

请参照本案例柱（梁）面的计价方法，尝试完成其他类型柱（梁）饰面的计量和计价。

🎯 以赛促学

相关赛题参见全国职业院校技能大赛官网（http://www.nvsc.com.cn/sqbz-mj/）。

任务十　幕墙

知识目标
(1) 了解幕墙的类型。
(2) 了解幕墙的用材和构造形式。
(3) 掌握幕墙工程量计算规则。

能力目标
(1) 能够掌握幕墙框料换算分析。
(2) 能够掌握幕墙计量、计价及取费方法。

素质目标
(1) 从现代国家大型工程幕墙带来的视觉美观，培养学生的家国情怀。
(2) 从幕墙用料与门窗的区别，帮助学生理解"量变到质变"思想的哲理。
(3) 从幕墙的用材讲究，培养学生的节能环保意识、安全意识。

教与学

知识准备

建筑幕墙根据所用材质不同，可分为玻璃幕墙、铝板幕墙、铝塑板幕墙。

玻璃幕墙根据构造形式，可分为带骨架玻璃幕墙、全玻（无框）幕墙。其中，带骨架幕墙可分为明框幕墙、隐框幕墙和半隐框幕墙；全玻（无框）幕墙可分为挂式幕墙和点驳式幕墙。

问题讨论

请在课前复习以前所学建筑施工技术课程有关幕墙施工的内容，讨论玻璃幕墙的构造组成及用材。

_____
_____
_____
_____

素质引申

随着国家综合国力越来越强，一大批标志性工程如雨后春笋出现，幕墙作为大型建筑的组成元素越来越气派，看过这些工程你有何感想？

_____
_____
_____
_____

标准规范

1. 幕墙清单计价指引

幕墙工程工程量清单项目的设置、项目特征描述的内容、计量单位及工程量计算规则应按表10-1 的规定执行。

表10-1　幕墙工程（编码：011209）

项目编码	项目名称	项目特征	计量单位	工程量计算规则	工作内容
011209001	带骨架幕墙	1. 骨架材料种类、规格、中距 2. 面层材料品种、规格、颜色 3. 面层固定方式 4. 隔离带、框边封闭材料品种、规格 5. 嵌缝、塞口材料种类	m²	按设计图示框外围尺寸以面积计算。与幕墙同种材质的窗所占面积不扣除	1. 骨架制作、运输、安装 2. 面层安装 3. 隔离带、框边封闭 4. 嵌缝、塞口 5. 清洗
011209002	全玻（无框玻璃）幕墙	1. 玻璃品种、规格、颜色 2. 粘结塞口材料种类 3. 固定方式	m²	按设计图示尺寸以面积计算。带肋全玻幕墙按展开面积计算	1. 幕墙安装 2. 嵌缝、塞口 3. 清洗

2. 幕墙预算定额指引

（1）带骨架幕墙预算定额指引（图10-1）。

```
[12-210] 玻璃幕墙 全隐框/100m2/51415.05
[12-211] 玻璃幕墙 半隐框/100m2/52283.91
[12-212] 玻璃幕墙 明框/100m2/47798.44
[12-213] 铝板幕墙 铝塑板/100m2/32805.15
[12-214] 铝板幕墙 铝单板/100m2/50072.59
[12-217] 防火隔离带 100×240/100m/9033.72
```

图10-1　带骨架幕墙预算定额指引

（2）全玻（无框玻璃）幕墙预算定额指引（图10-2）。

```
[12-215] 全玻璃幕墙 挂式/100m2/24100.00
[12-216] 全玻璃幕墙 点式/100m2/30398.57
[12-217] 防火隔离带 100×240/100m/9033.72
```

图10-2　全玻（无框玻璃）幕墙预算定额指引

现场认识

结合日常生活中的场所，你在哪些地方见到过玻璃幕墙？它们是哪一种构造形式（明框、隐框还是半框）？

任务描述

已知某商住楼的幕墙平面图、立面图及大样图（图10-3～图10-5），现要求根据图纸做法完成该图纸 21-P 与 21-N 轴之间的幕墙 MQ1 中的玻璃幕墙的清单及预算编制（铝塑板包边及基础等不考虑）。

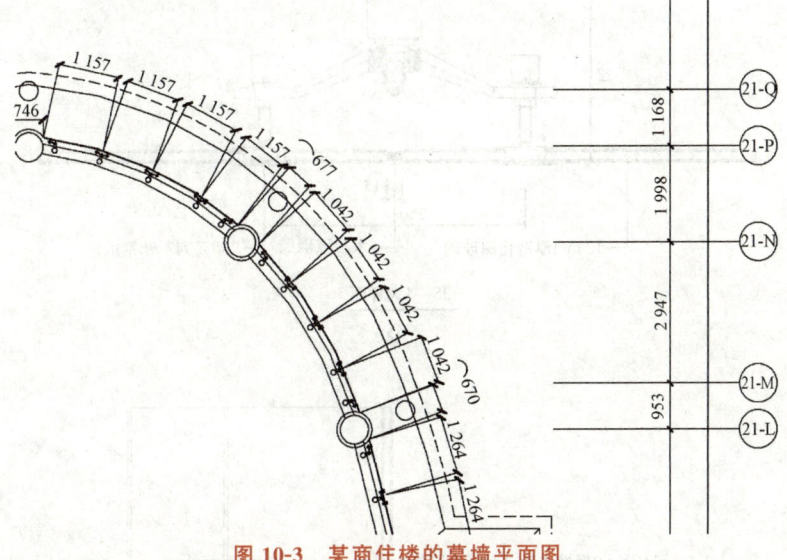

图 10-3 某商住楼的幕墙平面图

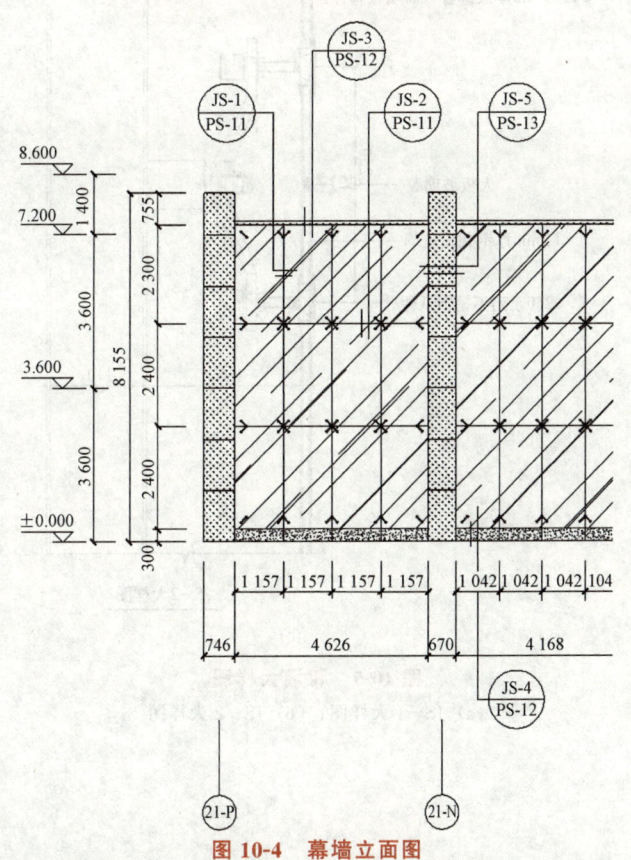

图 10-4 幕墙立面图

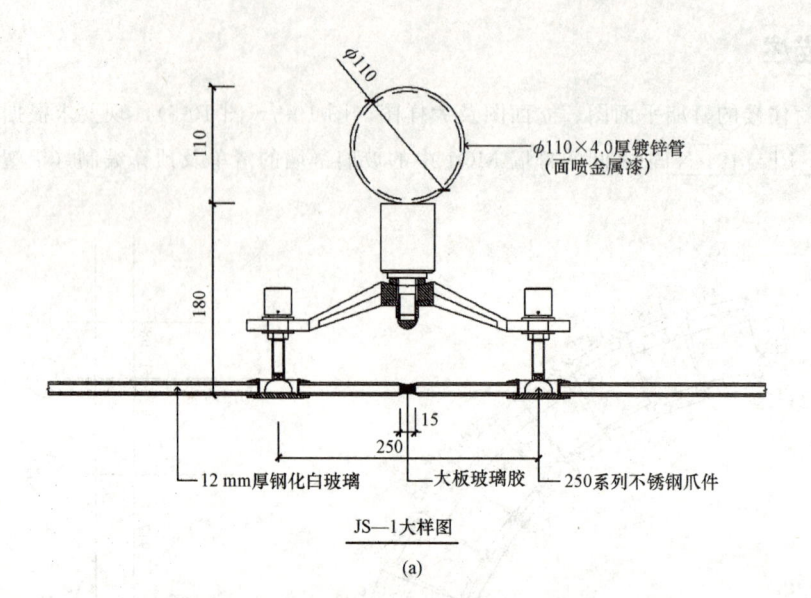

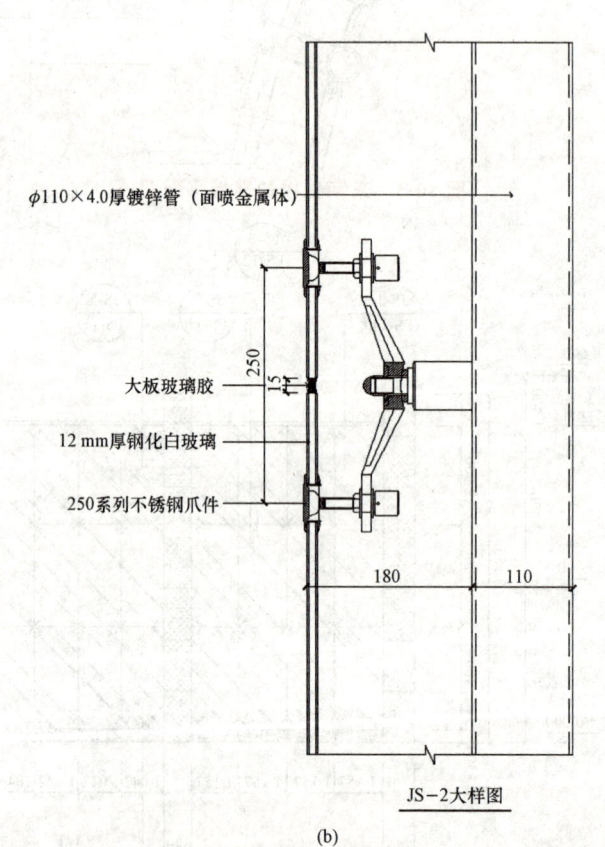

图 10-5 幕墙大样图

(a) JS—1 大样图；(b) JS—2 大样图

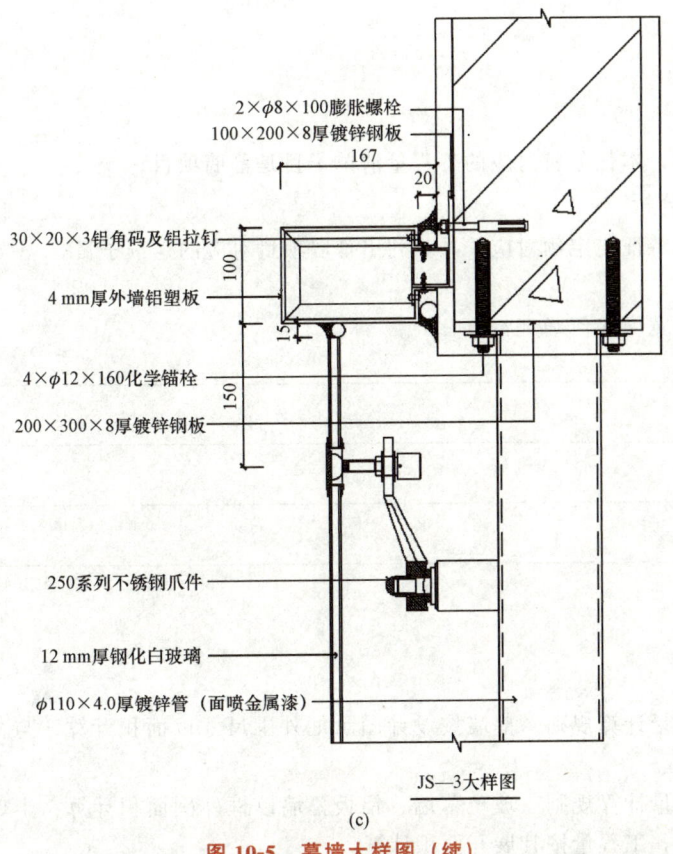

图 10-5 幕墙大样图（续）
（c）JS—3 大样图

任务引导

请在教师的指导下根据所给图纸分析该幕墙类型。

识图分析

1. 图纸识读要求

本次预算任务识读重点是根据幕墙平面图找到幕墙所在轴号位置，根据轴号找对对应幕墙的立面图，然后根据立面图识读出幕墙所用材质、宽度和高度等重要信息，再结合大样图可以分析出幕墙的构造做法等重要信息，在此过程中要结合设计说明等文字表述明确相关施工工艺及通用做法要求。

2. 图纸识读步骤

图纸识读步骤：设计说明→平面图→立面图→做法大样图集。

需要注意的是，有些材质在立面图上是以代号表示的，需要结合材料表来识读出对应的具体材质和规格等信息。

预算列项

1. 清单列项

根据清单指引,本任务所对应的工程量清单子目是幕墙项目。

2. 定额列项分析

根据清单项目特征与定额对应关系,列出幕墙项目对应的定额子目。

问题讨论

幕墙的高度和宽度如何确定?

_____

_____

_____

工程算量

1. 计算规则

(1) 清单工程量计算规则。幕墙按设计图示框外围尺寸以面积计算。与幕墙同种材质的窗所占面积不扣除。

(2) 定额工程量计算规则。玻璃幕墙、铝板幕墙以框外围面积计算;半玻璃隔断、全玻璃幕墙如有加强肋者,工程量按其展开面积计算。

2. 算量方法

根据计算规则,从立面图上先读取出来幕墙宽度和高度,两者相乘即可计算出相应的面积。

3. 算量过程

现以上述幕墙为例进行工程量计算,具体见表 10-2。

表 10-2 工程计量单

楼层	轴号、房间名	项目名称或材料名称	单位	计算公式	工程量
1	幕墙 MQ1 ([21-P]~[21-N])	全玻幕墙	m²	4.626×(2.4×2+2.3+0.1)	33.31
		φ110 mm×4.0 mm 厚镀锌管(面喷金属漆)	t	(2.4×2+2.3+0.1)×5×10.456/1 000	0.376
		200 mm×300 mm×8 mm 厚镀锌钢板	t	0.2×0.3×8×5×2×7.85/1 000	0.038
		φ12 mm×160 mm 化学锚栓	个	4×5×2	40
		单爪	个	4	4
		双爪	个	10	10
		四爪	个	6	6

4. 工程量清单编制

工程量清单编制的难点在于准确、完整填写项目特征,项目特征须参照清单指引结合图纸设计完整填写（表10-3）。

表 10-3　清单与计价表

序号	项目编码	项目名称	项目特征描述	计量单位	工程量	综合单价	合价	其中暂估价
		分部分项工程费						
1	011209002001	全玻（无框玻璃）幕墙	1. 12 mm 厚钢化白玻 2. 点驳式 3. ϕ110 mm×4.0 mm 厚镀锌管（面喷金属漆）固定，含 200 mm×300 mm×8 mm 厚镀锌钢板、ϕ12 mm×160 mm 化学锚栓	m²	33.31			

问题讨论

请在教师的指导下讨论本任务中幕墙龙骨、玻璃、配件及预埋件的算量方法。

工程计价

1. 定额套用

参照《江西预算定额》，以全玻幕墙项目为例，定额套用详见表10-4，具体套用定额方法请扫描右侧二维码。

表 10-4　定额套用表

序号	定额编号	项目名称	单位	工程量	单价/元 单价	单价/元 工资	总价/元 总价	总价/元 工资
1	12—216 换	全玻璃幕墙 点式 换：12 mm 厚钢化白玻 换：单爪	100 m²	0.333	30 418.95	2 744.64	10 129.51	913.97
2	12—74 换	钢骨架 换：镀锌钢管	t	0.376	7 206.54	2 307.74	2 709.66	867.71
3	14—172	金属面 调和漆两遍	100 m²	0.04	499.13	347.33	19.97	13.89
4	5—202	铁件安装	t	0.038	6 941.1	1 292.09	263.76	49.10
5	估价	化学锚栓	个	40	8	4	320.00	160.00

问题讨论

请在教师的指导下讨论柱（梁）干挂钢龙骨计算工程量。

_____

_____

_____

2. 定额费用合计

在第 3 步定额套价基础上，汇总出装饰工程定额费用（表 10-5）。

表 10-5　定额取费表

序号	定额编号	项目名称	定额费小计/元 总价	定额费小计/元 工资	专业归属	备注
1	5-202	铁件安装	263.76	49.10	土建	
2	估价	化学锚栓	320.00	160.00		
3	12-216 换	全玻璃幕墙 点式 换：12 mm 厚钢化白玻 换：单爪	10 129.51	913.97	装饰	定额费用数据来源为表 10-4
4	12-74 换	钢骨架 换：镀锌钢管	2 709.66	867.71		
5	14-172	金属面 调和漆两遍	19.97	13.89		
6		土建专业定额费小计（1+2）	583.76	209.10		
7		装饰专业定额费小计（3+4+5）	12 859.14	1 795.57		

问题讨论

请在教师的指导下讨论幕墙木龙骨计价应注意的问题。

_____

_____

_____

3. 综合单价计算

根据《江西费用定额》，在分专业定额费用基础上计取企业管理费和利润，并汇总出装饰费用合计，再根据清单工程量计算出清单综合单价（表 10-6）。

表 10-6　清单综合单价计算表

序号	定额编号	项目名称	单位	费用/元 定额费用	其中：人工费
一		土建定额费用	元	583.76	209.10
二		企业管理费	人工费×(23.29%+1.84%)	元	52.55
三		利润	人工费×15.99%	元	33.44
四		土建总费用	一+二+三	元	669.75

续表

序号	定额编号	项目名称	单位	费用/元 定额费用	其中：人工费
五		装饰定额费用	元	12 859.13	1 795.57
六		企业管理费	人工费×(10.05%+0.83%)	元	195.36
七		利润	人工费×7.41%	元	133.05
八		装饰总费用	五+六+七	元	13 187.54
九		土建装饰合计	四+八	元	13 857.29
十		清单工程量		m²	33.31
十一		综合单价	九÷十	元/m²	416.01

问题讨论

请在教师的指导下讨论幕墙龙骨、玻璃的规格对预算的影响。

_____

_____

_____

_____

_____

任务检查

在完成上述预算任务后，需要针对施工图识读、工程量计算、清单编制、定额套用及综合取费进行检查，并根据检查情况填写自查表（表10-7）。

表10-7 自查表

序号	检查项目	检查内容	检查结果（无误填"√"，有误填"×"并加以整改）
1	施工图识读	主要检查构造做法、材质规格及预算范围等方面	
2	工程量计算	检查主要包括计算单位、计算方法和计算结果等方面	
3	清单编制	检查主要包括清单编码、项目名称、项目特征、计量单位和工程量填写等方面	
4	定额套用	检查主要包括定额选用、定额换算、材质规格、定额工程量是否对应项目特征（或图纸说明）、工程量等方面	
5	综合取费	检查主要包括定额费用项目是否有遗漏、计算程序和计算费率是否符合《江西费用定额》的规定、计算结果是否有错误三个方面	

任务评价

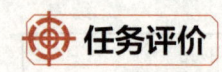

在完成各项预算任务后，需要根据完成的准确性、时效性、完整性和规范性进行自我评价、小组评价和教师评价，并填写评价表（表10-8）。

表10-8 评价表

序号	评价内容		自我评价	小组评价	教师评价
1	预算准确性（50分）	如发现以下几类错误扣分（各类问题每发现1处扣5分，扣完为止）：（1）工程量计算规则的选用错误；（2）工程量计算错误；（3）错套定额；（4）未按照有关规定取费；（5）总造价汇总错误；（6）项目特征描述错误；（7）其他错误			
2	预算及时性（20分）	在规定时间内完成得满分（20分），未按期完成工作任务的每延期2 min扣1分			
3	预算完整性（20分）	预算成果应包括工程计量单、清单与计价表、定额套用表、定额取费表、清单综合单价计算表（是否符合基本建设程序、是否超出项目概算、合同价及超出的原因等）、审核定案表，每遗漏一张表扣4分，直至扣完为止			
4	预算规范性（10分）	预算报告要求格式规范，具体包括计算单位、定额编号、清单编码、计量单位、小数点取舍等都须严格按规范要求。发现不规范的每一处扣2分，扣完为止			
5	预算评价分	1~4项合计（满分100分）			

素养提升

请在教师的指导下观看贝聿铭设计的我国香港中银大厦玻璃幕墙，你有什么感悟？

课外作业

请参照本案例幕墙的计价方法，尝试完成其他类型幕墙的计量和计价。

以赛促学

相关赛题参见全国职业院校技能大赛官网（http://www.nvsc.com.cn/sqbz-mj/）。

任务十一　天棚抹灰

知识目标

(1) 了解天棚抹灰的类型。
(2) 了解天棚抹灰的厚度、砂浆配合比。
(3) 掌握天棚抹灰工程量计算规则。

能力目标

(1) 能够掌握天棚抹灰定额换算分析。
(2) 能够掌握天棚抹灰计量、计价及取费方法。

素质目标

(1) 从常见天棚抹灰质量通病分析出发，引导学生提升质量意识。
(2) 从天棚抹灰验收标准讲述出发，培养学生的规范意识。
(3) 从天棚抹灰做法创新出发，培养学生的创新意识。

教与学

知识准备

天棚抹灰根据所用砂浆不同，可分为水泥砂浆抹灰、混合砂浆抹灰、石灰砂浆抹灰；根据基层材质不同，可分为混凝土天棚、钢板网天棚和板条天棚抹灰。

根据定额说明，天棚抹灰项目中砂浆配合比与设计不同时，可按设计要求予以换算；如设计厚度与定额取定厚度不同时，按相应项目调整。砂浆配合比是指抹灰砂浆层所用砂浆配合比，具体详见建筑材料课程相关内容。砂浆厚度详见图纸中装修做法表。

问题讨论

请在课前复习以前所学建筑施工技术课程有关天棚抹灰施工的内容，讨论天棚抹灰常见质量通病的成因。

_____
_____
_____

素质引申

板条天棚抹灰在简易土木结构房屋中较为常见，随着各地土坯房被现代社会钢筋混凝土结构房屋取代之后，混凝土天棚面抹灰遍布城市和乡村，"房漏偏逢连夜雨"的时代已一去不复返了，对此你有何感想？

_____
_____
_____

标准规范

1. 天棚抹灰清单计价指引

天棚抹灰工程量清单项目的设置、项目特征描述的内容、计量单位及工程量计算规则应按表 11-1 的规定执行。

表 11-1 天棚抹灰（编码：011301）

项目编码	项目名称	项目特征	计量单位	工程量计算规则	工作内容
011301001	天棚抹灰	1. 基层类型 2. 抹灰厚度、材料种类 3. 砂浆配合比	m²	按设计图示尺寸以水平投影面积计算。不扣除间壁墙、垛、柱、附墙烟囱、检查口和管道所占的面积，带梁天棚、梁两侧抹灰面积并入天棚面积内，板式楼梯底面抹灰按斜面积计算，锯齿形楼梯底板抹灰按展开面积计算	1. 基层清理 2. 底层抹灰 3. 抹面层

2. 天棚抹灰预算定额指引

天棚抹灰预算定额指引如图 11-1 所示。

```
[13-1] 混凝土天棚 一次抹灰（10mm）/100m2/1579.60
[13-2] 混凝土天棚 砂浆每增减1mm/100m2/157.22
[13-3] 混凝土天棚 拉毛/100m2/2367.64
[13-4] 钢板网天棚 底面/100m2/1187.76
[13-5] 板条天棚 二遍/100m2/1959.06
[13-6] 装饰线 三道内/100m/795.22
[13-7] 装饰线 五道内/100m/1528.53
```

图 11-1 天棚抹灰预算定额指引

现场认识

结合日常生活中的场所，你在哪些地方见到过天棚抹灰的装饰线？它们是几道线？

_____

_____

_____

_____

_____

_____

_____

任务描述

已知住宅楼卧室的天棚抹灰建筑平面图、结构平面图和装修做法表（图11-2～图11-4），现要求完成该图纸②～③交Ⓓ～Ⓖ轴之间的卧室天棚抹灰的清单及预算编制。

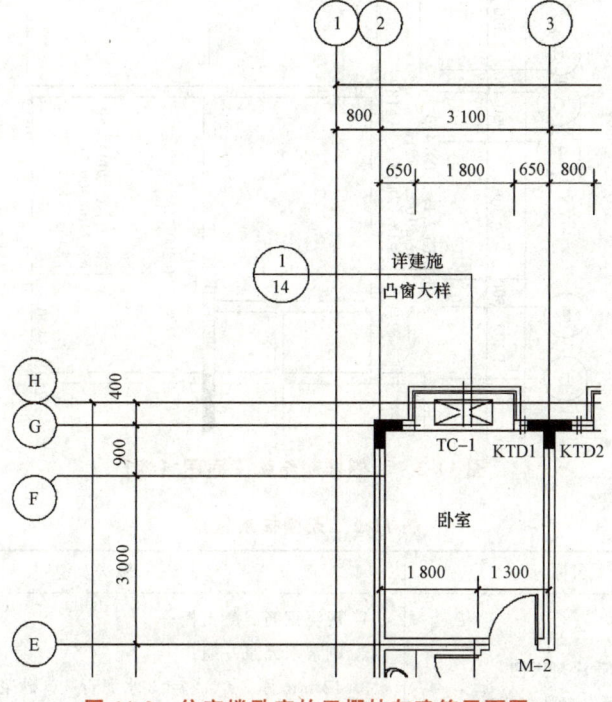

图 11-2 住宅楼卧室的天棚抹灰建筑平面图

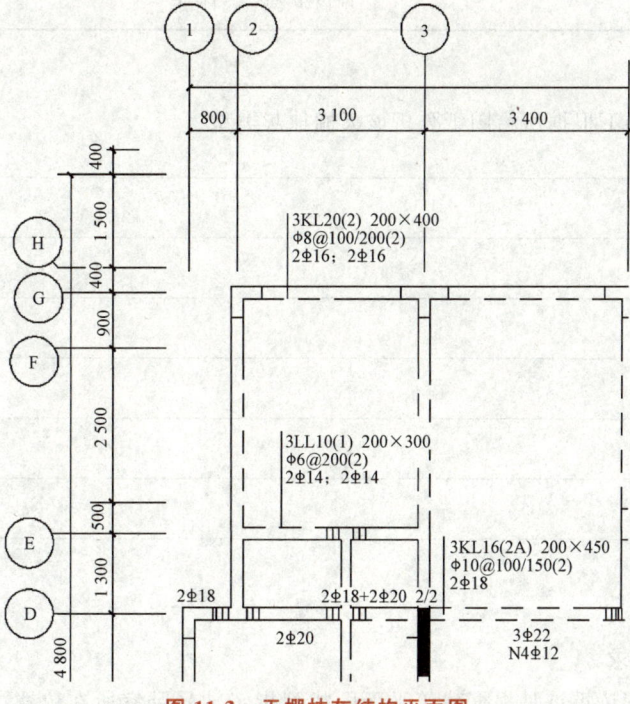

图 11-3 天棚抹灰结构平面图

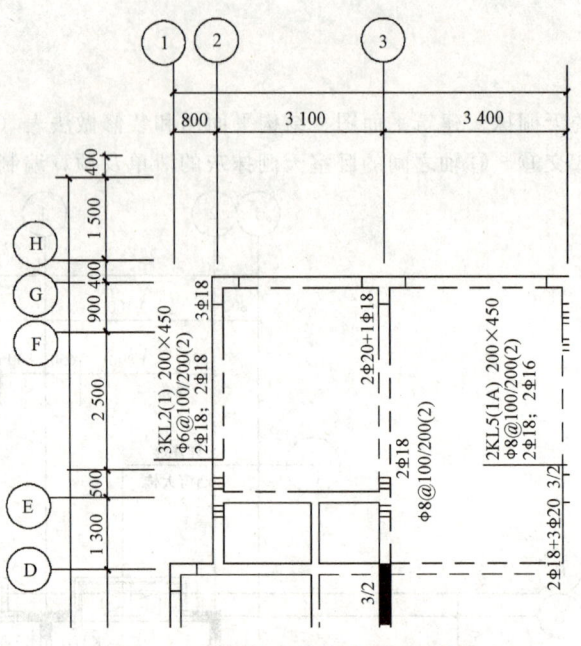

图 11-3 天棚抹灰结构平面图（续）

表 11-2 天棚抹灰做法

编号	名称	做法及说明
棚3	薄质涂料天棚 （常用内墙乳胶漆）	1. 现浇钢筋混凝土板； 2. 刷素水泥浆一遍； 3. 12 mm 厚 1：0.3：3 水泥石灰膏砂浆打底扫毛； 4. 6 mm 厚 1：0.3：2.5 水泥石灰膏砂浆找平； 5. 喷内墙薄质涂料两遍

任务引导

请在教师的指导下根据所给图纸分析该天棚抹灰类型。

_____
_____
_____
_____
_____
_____
_____

识图分析

1. 图纸识读要求

本次预算任务识读重点是根据建筑平面图找到指定轴号卧室所在位置，根据轴号找到卧室

— 102 —

的结构平面图，然后根据结构平面图识读出卧室架空梁的高度等重要信息，再结合装修做法表可以分析出天棚抹灰的构造做法等重要信息，构造做法涉及标准图集的，需要根据图集号找到对应图集的对应编号的装修做法要求。

2. 图纸识读步骤

图纸识读步骤：建筑平面图→结构平面图→装修做法大样图集。

预算列项

1. 清单列项

根据清单指引，本任务所对应的工程量清单子目是天棚抹灰项目。

2. 定额列项分析

根据清单项目特征与定额对应关系，列出天棚抹灰项目对应的定额子目。

问题讨论

装修做法表中用户自理是什么意思？

工程算量

1. 计算规则

（1）清单工程量计算规则。天棚抹灰按设计图示尺寸以水平投影面积计算。不扣除间壁墙、垛、柱、附墙烟囱、检查口和管道所占的面积，带梁天棚、梁两侧抹灰面积并入天棚面积内，板式楼梯底面抹灰按斜面积计算，锯齿形楼梯底板抹灰按展开面积计算。

（2）定额工程量计算规则。天棚抹灰按设计结构尺寸以展开面积计算天棚抹灰。不扣除间壁墙、垛、柱、附墙烟囱、检查口和管道所占的面积，带梁天棚的梁两侧抹灰面积并入天棚面积内，板式楼梯底面抹灰面积（包括踏步、休息平台以及≤500 mm 宽的楼梯井）按水平投影面积乘以系数 1.15 计算，锯齿形楼梯底板抹灰面积（包括踏步、休息平台以及≤500 mm 宽的楼梯井）按水平投影面积乘以系数 1.37 计算。

2. 算量方法

根据计算规则，从建筑平面图上先读取指定房间主墙间净空开间和净深净尺寸，两者相乘即可计算出其主墙间净面积,再加上该房间架空梁的侧面积。

3. 算量过程

现以上述天棚抹灰为例进行工程量计算,具体见表 11-3。

表 11-3 工程计量单

楼层	轴号、房间名	项目名称或材料名称	单位	计算公式	工程量
	卧室	混凝土天棚抹灰 18 mm	m²	(1.8+1.3−0.1×2)×(3+0.9−0.1×2)	10.73

4. 工程量清单编制

工程量清单编制的难点在于准确、完整填写项目特征,项目特征须参照清单指引结合图纸设计完整填写(表 11-4)。

表 11-4 清单与计价表

序号	项目编码	项目名称	项目特征描述	计量单位	工程量	综合单价	合价	暂估价
		分部分项工程费						
1	011301001001	天棚抹灰	1. 现浇钢筋混凝土板 2. 刷素水泥浆一遍 3. 12 mm 厚 1∶0.3∶3 水泥石灰砂浆打底扫毛 4. 6 mm 厚 1∶0.3∶2.5 水泥石灰膏砂浆找平	m²	10.73			

问题讨论

天棚的架空梁是什么意思?

工程计价

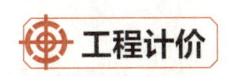

1. 定额套用

参照《江西预算定额》，以天棚抹灰项目为例，定额套用详见表11-5，具体套用定额方法请扫描右侧二维码。

表11-5 定额套用表

序号	定额编号	项目名称	单位	工程量	单价/元 单价	单价/元 工资	总价/元 总价	总价/元 工资
1	12—23换	素水泥浆界面剂 混凝土天棚刷素水泥浆或界面剂 人工×1.15	100 m²	0.107	248.08	119.23	26.54	12.76
2	13—1+13—2×8换	混凝土天棚一次抹灰（10 mm）厚度（mm）：18 现拌砂浆	100 m²	0.107	3 589.85	1 792.32	384.11	191.78

问题讨论

请在教师的指导下讨论架空梁的净长、净高应如何确定。

_____
_____
_____
_____
_____
_____
_____

2. 定额费用合计

在第3步定额套价基础上，汇总出装饰工程定额费用（表11-6）。

表11-6 定额取费表

序号	定额编号	项目名称	定额费小计/元 总价	定额费小计/元 工资	专业归属	备注
1	12—23换	素水泥浆界面剂	26.54	12.76	装饰	定额费用数据来源为表11-5
2	13—1+13—2×8换	混凝土天棚一次抹灰（10 mm）厚度（mm）：18 现拌砂浆	384.11	191.78	装饰	定额费用数据来源为表11-5
3		装饰专业定额费小计（1+2）	410.65	204.54		

问题讨论

请在教师的指导下讨论楼梯天棚抹灰应如何计算。

_____

_____

_____

_____

_____

_____

3. 综合单价计算

根据《江西费用定额》,在分专业定额费用基础上计取企业管理费和利润,并汇总出装饰费用合计,再根据清单工程量计算出清单综合单价(表11-7)。

表 11-7 清单综合单价计算表

序号	定额编号	项目名称	单位	费用/元 定额费用	其中:人工费
一		装饰定额费用	元	410.65	204.54
二		企业管理费	人工费×(10.05%+0.83%)	元	22.25	
三		利润	人工费×7.41%	元	15.16	
四		装饰总费用	一+二+三	元	448.06	
五		清单工程量		m²	10.73	
六		综合单价	四÷五	元/m²	41.76	

问题讨论

请在教师的指导下讨论天棚抹灰厚度和砂浆配合比应如何换算。

_____

_____

_____

_____

_____

_____

任务检查

在完成上述预算任务后,需要针对施工图识读、工程量计算、清单编制、定额套用及综合取费进行检查,并根据检查情况填写自查表(表11-8)。

表11-8 自查表

序号	检查项目	检查内容	检查结果(无误填"√",有误填"×"并加以整改)
1	施工图识读	主要检查构造做法、材质规格及预算范围等方面	
2	工程量计算	检查主要包括计算单位、计算方法和计算结果等方面	
3	清单编制	检查主要包括清单编码、项目名称、项目特征、计量单位和工程量填写等方面	
4	定额套用	检查主要包括定额选用、定额换算、材质规格、定额工程量是否对应项目特征(或图纸说明)、工程量等方面	
5	综合取费	检查主要包括定额费用项目是否有遗漏、计算程序和计算费率是否符合《江西费用定额》的规定、计算结果是否有错误三个方面	

任务评价

在完成各项预算任务后,需要根据完成的准确性、时效性、完整性和规范性进行自我评价、小组评价和教师评价,并填写评价表(表11-9)。

表11-9 评价表

序号	评价内容		自我评价	小组评价	教师评价
1	预算准确性(50分)	如发现以下几类错误扣分(各类问题每发现1处扣5分,扣完为止):(1)工程量计算规则的选用错误;(2)工程量计算错误;(3)错套定额;(4)未按照有关规定取费;(5)总造价汇总错误;(6)项目特征描述错误;(7)其他错误			
2	预算及时性(20分)	在规定时间内完成得满分(20分),未按期完成工作任务的每延期2 min扣1分			
3	预算完整性(20分)	预算成果应包括工程计量单、清单与计价表、定额套用表、定额取费表、清单综合单价计算表(是否符合基本建设程序、是否超出项目概算、合同价及超出的原因等)、审核定案表,每遗漏一张表扣4分,直至扣完为止			
4	预算规范性(10分)	预算报告要求格式规范,具体包括计算单位、定额编号、清单编码、计量单位、小数点取舍等都须严格按规范要求。发现不规范的每一处扣2分,扣完为止			
5	预算评价分	1~4项合计(满分100分)			

◎ **素养提升**

近期在网上搜索到一则关于某地发布在居住建筑和公共建筑工程中取消天棚抹灰做法的通知，主要内容如下：

近几年来，我市建筑工程中天棚抹灰层空鼓、开裂现象时有发生，甚至出现天棚抹灰脱落现象，严重危害人身财产安全，关于该方面质量问题的投诉日渐增多。为杜绝此类问题的发生，经调研部分施工单位和建设单位，结合当前的通常做法，经研究决定，在居住建筑和公共建筑工程中取消天棚抹灰做法……

根据这则消息，大家看到后有何感悟？

课外作业

请参照本案例天棚抹灰的计价方法，尝试完成其他类型天棚抹灰的计量和计价。

◎ **以赛促学**

相关赛题参见全国职业院校技能大赛官网（http://www.nvsc.com.cn/sqbz-mj/）。

任务十二　天棚吊顶

❋知识目标
（1）了解天棚吊顶的材质类型及规格。
（2）了解天棚吊顶的施工工艺。
（3）掌握天棚吊顶工程量计算规则。

❋能力目标
（1）能够掌握天棚吊顶施工工艺与预算的关联性。
（2）能够掌握天棚吊顶计量、计价及取费方法。

❋素质目标
（1）从天棚吊顶构造剖析每一层的功能和作用，引导学生树立担当意识。
（2）从天棚吊顶施工工艺对比案例，引导学生养成规范意识和工匠精神。
（3）从中华传统建筑屋顶经典案例，培养学生的家国情怀。

◎教与学

知识准备

天棚吊顶龙骨材质可分为对剖圆木龙骨、方木龙骨、轻钢龙骨、铝合金龙骨等；基层板可分为石膏板、胶合板及细木工板（又称为大芯板）；面层材质可分为水泥木丝板、杉木薄板、埃特板、玻璃纤维板、宝丽板、塑料板、铝单板、铝塑板、硅酸钙板、石膏板、玻岩板、竹片、不锈钢面板、镜面玲珑胶板、PVC扣板、木质装饰板、吸声板、镜面玻璃、激光玻璃、有机胶片、金属板等。根据定额说明，龙骨的种类、间距、规格和基层、面层材料的型号、规格是按常用材料和常用做法考虑的，如设计要求不同时，材料可以调整，人工、机械不变。在轻钢龙骨、铝合金龙骨项目中，如面层规格与定额不同时，按相近面积的项目执行。

天棚面层在同一标高者为平面天棚，天棚面层不在同一标高者为跌级天棚。轻钢龙骨和铝合金龙骨不上人型吊杆长度为 0.6 m，上人型吊杆长度为 1.4 m。吊杆长度与定额不同时可按实际调整，人工不变。平面天棚和跌级天棚是指一般直线形天棚，不包括灯光槽的制作安装。灯光槽制作安装应按相关规范相应项目执行。吊顶天棚中的艺术造型天棚项目中包括灯光槽的制作安装。天棚面层不在同一标高，且高差在 400 mm 以下、跌级三级以内的一般直线形平面天棚按跌级天棚相应项目执行；高差在 400 mm 以上或跌级超过三级，以及圆弧形、拱形等造型天棚按吊顶天棚中的艺术造型天棚相应项目执行。

不同材质背天棚吊顶施工工艺流程有所不同，具体内容详见建筑施工技术课程。

问题讨论

请在课前复习以前所学建筑施工技术课程有关天棚吊顶施工的要点。

素质引申

最传统的吊顶,伴随着我国古代建筑中阁楼出现,是我国木质结构中不可分割的一部分。精湛的传统木艺,不用一钉仍可历经百年沧桑,流传于今仍是众多设计师学者的灵感源泉,对此你有何感想?

标准规范

1. 天棚吊顶清单计价指引

天棚吊顶工程量清单项目的设置、项目特征描述的内容、计量单位及工程量计算规则应按表 12-1 的规定执行。

表 12-1　天棚吊顶(编码:011302)

项目编码	项目名称	项目特征	计量单位	工程量计算规则	工作内容
011302001	吊顶天棚	1. 吊顶形式、吊杆规格、高度 2. 龙骨材料种类、规格、中距 3. 基层材料种类、规格 4. 面层材料品种、规格 5. 压条材料种类、规格 6. 嵌缝材料种类 7. 防护材料种类	m²	按设计图示尺寸以水平投影面积计算。天棚面中的灯槽及跌级、锯齿形、吊挂式、藻井式天棚面积不展开计算。不扣除间壁墙、检查口、附墙烟囱、柱垛和管道所占面积,扣除单个>0.3 m²的孔洞、独立柱及与天棚相连的窗帘盒所占的面积	1. 基层清理、吊杆安装 2. 龙骨安装 3. 基层板铺贴 4. 面层铺贴 5. 嵌缝 6. 刷防护材料
011302002	格栅吊顶	1. 龙骨材料种类、规格、中距 2. 基层材料种类、规格 3. 面层材料品种、规格 4. 防护材料种类		按设计图示尺寸以水平投影面积计算	1. 基层清理 2. 安装龙骨 3. 基层板铺贴 4. 面层铺贴 5. 刷防护材料
011302003	吊筒吊顶	1. 吊筒形状、规格 2. 吊筒材料种类 3. 防护材料种类			1. 基层清理 2. 吊筒制作安装 3. 刷防护材料
011302004	藤条造型悬挂吊顶	1. 骨架材料种类、规格 2. 面层材料品种、规格			1. 基层清理 2. 龙骨安装 3. 铺贴面层
011302005	织物软雕吊顶				
011302006	装饰网架吊顶	网架材料品种、规格			1. 基层清理 2. 网架制作安装

2. 天棚吊顶预算定额指引

天棚吊顶预算定额指引如图 12-1 所示。

[13-8] 对剖圆木天棚龙骨(搁在砖墙上) 单层楞/100m2/3524.11
[13-9] 对剖圆木天棚龙骨(搁在砖墙上) 双层楞 规格(mm) 300×300/100m2/5867.79
[13-10] 对剖圆木天棚龙骨(搁在砖墙上) 双层楞 规格(mm) 450×450/100m2/5010.27
[13-11] 对剖圆木天棚龙骨(搁在砖墙上) 双层楞 规格(mm) 600×600/100m2/4497.52
[13-12] 对剖圆木天棚龙骨(搁在砖墙上) 双层楞 规格(mm) >600×600/100m2/4023.95
[13-13] 对剖圆木天棚龙骨(吊在梁下或板下) 单层楞/100m2/4660.68
[13-14] 对剖圆木天棚龙骨(吊在梁下或板下) 双层楞 规格(mm) 300×300/100m2/8130.34
[13-15] 对剖圆木天棚龙骨(吊在梁下或板下) 双层楞 规格(mm) 450×450/100m2/7076.13
[13-16] 对剖圆木天棚龙骨(吊在梁下或板下) 双层楞 规格(mm) 600×600/100m2/6550.37
[13-17] 对剖圆木天棚龙骨(吊在梁下或板下) 双层楞 规格(mm) >600×600/100m2/6076.03
[13-18] 方木天棚龙骨(搁在砖墙上) 单层楞/100m2/2106.84
[13-19] 方木天棚龙骨(搁在砖墙上) 双层楞 规格(mm) 300×300/100m2/4880.38
[13-20] 方木天棚龙骨(搁在砖墙上) 双层楞 规格(mm) 450×450/100m2/3702.78
[13-21] 方木天棚龙骨(搁在砖墙上) 双层楞 规格(mm) 600×600/100m2/3023.78
[13-22] 方木天棚龙骨(搁在砖墙上) 双层楞 规格(mm) >600×600/100m2/2553.42
[13-23] 方木天棚龙骨(吊在梁下或板下) 单层楞/100m2/3603.00
[13-24] 方木天棚龙骨(吊在梁下或板下) 双层楞 规格(mm) 300×300/100m2/5920.21
[13-25] 方木天棚龙骨(吊在梁下或板下) 双层楞 规格(mm) 450×450/100m2/4496.59
[13-26] 方木天棚龙骨(吊在梁下或板下) 双层楞 规格(mm) 600×600/100m2/3920.09
[13-27] 方木天棚龙骨(吊在梁下或板下) 双层楞 规格(mm) >600×600/100m2/3447.71
[13-74] 铝合金轻型方板天棚龙骨 中龙骨直接吊挂骨架 规格(mm) 500×500/100m2/3486.28
[13-75] 铝合金轻型方板天棚龙骨 中龙骨直接吊挂骨架 规格(mm) 600×600/100m2/3379.75
[13-76] 铝合金轻型方板天棚龙骨 中龙骨直接吊挂骨架 规格(mm) 600×600以上/100m2/3160.72
[13-28] 装配式U形轻钢天棚龙骨(不上人型) 规格(mm) 300×300 平面/100m2/4402.09
[13-29] 装配式U形轻钢天棚龙骨(不上人型) 规格(mm) 300×300 跌级/100m2/5712.74
[13-30] 装配式U形轻钢天棚龙骨(不上人型) 规格(mm) 450×450 平面/100m2/3895.63
[13-31] 装配式U形轻钢天棚龙骨(不上人型) 规格(mm) 450×450 跌级/100m2/5447.66
[13-32] 装配式U形轻钢天棚龙骨(不上人型) 规格(mm) 600×600 平面/100m2/3445.58
[13-33] 装配式U形轻钢天棚龙骨(不上人型) 规格(mm) 600×600 跌级/100m2/4802.26
[13-34] 装配式U形轻钢天棚龙骨(不上人型) 规格(mm) >600×600 平面/100m2/3179.37
[13-35] 装配式U形轻钢天棚龙骨(不上人型) 规格(mm) >600×600 跌级/100m2/4348.75
[13-44] 轻钢天棚龙骨 圆弧形 不上人/100m2/5422.57
[13-36] 装配式U形轻钢天棚龙骨(上人型) 规格(mm) 300×300 平面/100m2/5531.75
[13-37] 装配式U形轻钢天棚龙骨(上人型) 规格(mm) 300×300 跌级/100m2/6837.68
[13-38] 装配式U形轻钢天棚龙骨(上人型) 规格(mm) 450×450 平面/100m2/5195.68
[13-39] 装配式U形轻钢天棚龙骨(上人型) 规格(mm) 450×450 跌级/100m2/6575.84
[13-40] 装配式U形轻钢天棚龙骨(上人型) 规格(mm) 600×600 平面/100m2/4556.79
[13-41] 装配式U形轻钢天棚龙骨(上人型) 规格(mm) 600×600 跌级/100m2/5865.58
[13-42] 装配式U形轻钢天棚龙骨(上人型) 规格(mm) >600×600 平面/100m2/4248.19
[13-43] 装配式U形轻钢天棚龙骨(上人型) 规格(mm) >600×600 跌级/100m2/5468.99
[13-45] 轻钢天棚龙骨 圆弧形 上人/100m2/6668.64
[13-46] 装配式T形铝合金天棚龙骨(不上人型) 规格(mm) 300×300 平面/100m2/2813.45
[13-47] 装配式T形铝合金天棚龙骨(不上人型) 规格(mm) 300×300 跌级/100m2/5217.34
[13-48] 装配式T形铝合金天棚龙骨(不上人型) 规格(mm) 450×450 平面/100m2/2425.35
[13-49] 装配式T形铝合金天棚龙骨(不上人型) 规格(mm) 450×450 跌级/100m2/4255.49
[13-50] 装配式T形铝合金天棚龙骨(不上人) 规格(mm) 600×600 平面/100m2/2339.31
[13-51] 装配式T形铝合金天棚龙骨(不上人) 规格(mm) 600×600 跌级/100m2/3791.57
[13-52] 装配式T形铝合金天棚龙骨(不上人) 规格(mm) >600×600 平面/100m2/2092.83
[13-53] 装配式T形铝合金天棚龙骨(不上人) 规格(mm) >600×600 跌级/100m2/3399.46
[13-54] 装配式T形铝合金天棚龙骨(上人型) 规格(mm) 300×300 平面/100m2/4178.09
[13-55] 装配式T形铝合金天棚龙骨(上人型) 规格(mm) 300×300 跌级/100m2/6743.18
[13-56] 装配式T形铝合金天棚龙骨(上人型) 规格(mm) 450×450 平面/100m2/3736.70
[13-57] 装配式T形铝合金天棚龙骨(上人型) 规格(mm) 450×450 跌级/100m2/5742.83
[13-58] 装配式T形铝合金天棚龙骨(上人型) 规格(mm) 600×600 平面/100m2/3471.77
[13-59] 装配式T形铝合金天棚龙骨(上人型) 规格(mm) 600×600 跌级/100m2/4987.37
[13-60] 装配式T形铝合金天棚龙骨(上人型) 规格(mm) 600×600以上 平面/100m2/3148.21
[13-61] 装配式T形铝合金天棚龙骨(上人型) 规格(mm) 600×600以上 跌级/100m2/4556.93
[13-62] 铝合金方板天棚龙骨(不上人型) 嵌入式 规格(mm) 500×500/100m2/4119.25

图 12-1 天棚吊顶预算定额指引

[13-63] 铝合金方板天棚龙骨(不上人型) 嵌入式 规格(mm) 600×600/100m2/4088.93
[13-64] 铝合金方板天棚龙骨(不上人型) 嵌入式 规格(mm) 600×600以上/100m2/4084.40
[13-65] 铝合金方板天棚龙骨(上人型) 嵌入式 规格(mm) 500×500/100m2/4760.64
[13-66] 铝合金方板天棚龙骨(上人型) 嵌入式 规格(mm) 600×600/100m2/4723.59
[13-67] 铝合金方板天棚龙骨(上人型) 嵌入式 规格(mm) 600×600以上/100m2/4543.03
[13-77] 铝合金条板天棚龙骨/100m2/2638.46
[13-78] 铝合金格片式天棚 龙骨间距 150mm以内/100m2/2088.87
[13-68] 铝合金方板天棚龙骨(不上人型) 浮搁式 规格(mm) 500×500/100m2/3699.88
[13-69] 铝合金方板天棚龙骨(不上人型) 浮搁式 规格(mm) 600×600/100m2/3425.39
[13-70] 铝合金方板天棚龙骨(不上人型) 浮搁式 规格(mm) 600×600以上/100m2/3303.94
[13-71] 铝合金方板天棚龙骨(上人型) 浮搁式 规格(mm) 500×500/100m2/4924.78
[13-72] 铝合金方板天棚龙骨(上人型) 浮搁式 规格(mm) 600×600/100m2/4643.96
[13-73] 铝合金方板天棚龙骨(上人型) 浮搁式 规格(mm) 600×600以上/100m2/4374.97
[13-147] 藻井天棚 平面 圆弧形/100m2/6536.37
[13-148] 藻井天棚 平面 矩形/100m2/7258.64
[13-149] 藻井天棚 拱形 曲面形/100m2/7971.72
[13-150] 藻井天棚 拱形 筒形/100m2/6833.39
[13-151] 吊挂式天棚 弧拱形/100m2/8990.73
[13-152] 吊挂式天棚 圆形/100m2/7080.69
[13-153] 吊挂式天棚 矩形/100m2/6902.15
[13-154] 阶梯形天棚 直线形/100m2/7427.41
[13-155] 阶梯形天棚 弧线形/100m2/9525.86
[13-156] 锯齿形天棚 直线形/100m2/7427.41
[13-157] 锯齿形天棚 弧线形/100m2/9525.86
[13-158] 方木天棚龙骨 圆形/100m2/4119.72
[13-159] 方木天棚龙骨 半圆形/100m2/3725.77
[13-160] 藻井天棚 平面 圆弧形 石膏板/100m2/2468.88
[13-161] 藻井天棚 平面 圆弧形 胶合板/100m2/2799.24
[13-162] 藻井天棚 平面 矩形 石膏板/100m2/2197.12
[13-163] 藻井天棚 平面 矩形 胶合板/100m2/2522.61
[13-164] 藻井天棚 拱形 圆弧形 石膏板/100m2/2777.10
[13-165] 藻井天棚 拱形 圆弧形 胶合板/100m2/3156.72
[13-166] 藻井天棚 拱形 矩形 石膏板/100m2/2329.95
[13-167] 藻井天棚 拱形 矩形 胶合板/100m2/2704.41
[13-168] 吊挂式天棚 弧拱形 石膏板/100m2/2601.03
[13-169] 吊挂式天棚 弧拱形 胶合板/100m2/2980.95
[13-170] 吊挂式天棚 圆形 石膏板/100m2/2534.62
[13-171] 吊挂式天棚 圆形 胶合板/100m2/2919.96
[13-172] 吊挂式天棚 矩形 石膏板/100m2/2256.29
[13-173] 吊挂式天棚 矩形 胶合板/100m2/2574.65
[13-174] 阶梯形天棚 直线形 石膏板/100m2/3134.16
[13-175] 阶梯形天棚 直线形 胶合板/100m2/3357.00
[13-176] 阶梯形天棚 弧线形 石膏板/100m2/3479.16
[13-177] 阶梯形天棚 弧线形 胶合板/100m2/3818.37
[13-178] 锯齿形天棚 直线形 石膏板/100m2/3082.60
[13-179] 锯齿形天棚 直线形 胶合板/100m2/3301.36
[13-180] 锯齿形天棚 弧线形 石膏板/100m2/3369.11
[13-181] 锯齿形天棚 弧线形 胶合板/100m2/3762.64
[13-182] 藻井天棚 平面 圆弧形 石膏板/100m2/2264.27
[13-183] 藻井天棚 平面 圆弧形 饰面板/100m2/4407.34
[13-184] 藻井天棚 平面 圆弧形 金属板/100m2/10103.72
[13-185] 藻井天棚 平面 矩形 石膏板/100m2/2028.85
[13-186] 藻井天棚 平面 矩形 饰面板/100m2/3974.39
[13-187] 藻井天棚 平面 矩形 金属板/100m2/8930.88
[13-188] 藻井天棚 拱形 曲面形 石膏板/100m2/2545.15
[13-189] 藻井天棚 拱形 曲面形 饰面板/100m2/4780.08
[13-190] 藻井天棚 拱形 曲面形 金属板/100m2/10488.73
[13-191] 藻井天棚 拱形 筒形 石膏板/100m2/2157.21

图 12-1　天棚吊顶预算定额指引（续）

- [13-192] 藻井天棚 拱形 筒形 饰面板/100m2/4305.46
- [13-193] 藻井天棚 拱形 筒形 金属板/100m2/9363.13
- [13-194] 吊挂式天棚 弧拱形 石膏板/100m2/2451.16
- [13-195] 吊挂式天棚 弧拱形 饰面板/100m2/4381.12
- [13-196] 吊挂式天棚 弧拱形 金属板/100m2/10302.17
- [13-197] 吊挂式天棚 圆形 石膏板/100m2/2307.42
- [13-198] 吊挂式天棚 圆形 饰面板/100m2/4461.10
- [13-199] 吊挂式天棚 圆形 金属板/100m2/10011.27
- [13-200] 吊挂式天棚 矩形 石膏板/100m2/2148.93
- [13-201] 吊挂式天棚 矩形 饰面板/100m2/4026.52
- [13-202] 吊挂式天棚 矩形 金属板/100m2/9411.08
- [13-203] 阶梯形天棚 直线形 石膏板/100m2/3012.05
- [13-204] 阶梯形天棚 直线形 饰面板/100m2/5373.39
- [13-205] 阶梯形天棚 直线形 金属板/100m2/9766.29
- [13-206] 阶梯形天棚 弧线形 石膏板/100m2/3539.59
- [13-207] 阶梯形天棚 弧线形 饰面板/100m2/6063.60
- [13-208] 阶梯形天棚 弧线形 金属板/100m2/10883.17
- [13-209] 锯齿形天棚 直线形 石膏板/100m2/2928.41
- [13-210] 锯齿形天棚 直线形 饰面板/100m2/5339.64
- [13-211] 锯齿形天棚 直线形 金属板/100m2/9756.63
- [13-212] 锯齿形天棚 弧线形 石膏板/100m2/3500.57
- [13-213] 锯齿形天棚 弧线形 饰面板/100m2/6056.11
- [13-214] 锯齿形天棚 弧线形 金属板/100m2/10861.85
- [13-215] 复合式烤漆T形龙骨吊顶 明架式吊顶/100m2/6493.68
- [13-216] U形矿棉吸音板轻钢吊顶 暗架式吊顶/100m2/6733.32
- [13-79] 胶合板基层 5mm/100m2/2060.94
- [13-80] 胶合板基层 9mm/100m2/2458.68
- [13-81] 石膏板天棚基层/100m2/1798.70
- [13-82] 板条/100m2/2240.80
- [13-83] 漏风条/100m2/2297.77
- [13-84] 胶合板/100m2/2395.73
- [13-85] 水泥木丝板/100m2/4334.33
- [13-86] 薄板 厚15mm/100m2/3241.41
- [13-87] 胶压刨花木屑板/100m2/2510.35
- [13-88] 埃特板/100m2/2909.70
- [13-89] 玻璃纤维板(搁放型)/100m2/1069.97
- [13-90] 宝丽板/100m2/2914.88
- [13-91] 塑料板/100m2/2383.29
- [13-92] 钢板网/100m2/3918.98
- [13-93] 铝板网 搁在龙骨上/100m2/1716.98
- [13-94] 铝板网 钉在龙骨上/100m2/1861.88
- [13-95] 铝塑板 贴在混凝土板下/100m2/7001.54
- [13-96] 铝塑板 贴在胶合板上/100m2/7001.54
- [13-97] 铝塑板 贴在龙骨底/100m2/6381.42
- [13-98] 矿棉板 搁放在龙骨上/100m2/5086.57
- [13-99] 硅酸钙板 安在U形 轻钢龙骨上/100m2/3164.05
- [13-100] 硅酸钙板 安在T形 铝合金龙骨上/100m2/2919.46
- [13-101] 石膏板 安在U形 轻钢龙骨上/100m2/1951.92
- [13-102] 石膏板 安在T形 铝合金龙骨上/100m2/1720.96
- [13-103] 玻岩板 安在U形 轻钢龙骨上/100m2/4941.09
- [13-104] 竹片/100m2/2001.58
- [13-105] 不锈钢板/100m2/19380.72
- [13-106] 镜面玲珑胶板/100m2/6610.58
- [13-107] 阻燃聚丙烯板/100m2/2348.36
- [13-108] 真空镀膜仿金装饰板/100m2/24735.93
- [13-109] 空腹PVC扣板/100m2/5561.07
- [13-110] 木质装饰板 方格式 密铺/100m2/3267.68
- [13-111] 木质装饰板 方格式 分缝/100m2/3389.12

图 12-1　天棚吊顶预算定额指引（续）

[13-112] 木质装饰板 花式/100m2/3617.13
[13-113] 吸音板天棚 矿棉吸音板/100m2/2138.14
[13-114] 吸音板天棚 石膏吸音板/100m2/8483.29
[13-115] 吸音板天棚 胶合板 穿孔面板/100m2/3690.19
[13-116] 吸音板天棚 隔音板/100m2/6959.38
[13-117] 铝合金方板天棚 嵌入式（平板）/100m2/7262.91
[13-118] 铝合金方板天棚 吸音板/100m2/14833.37
[13-119] 铝合金方板天棚 搁式（平板）/100m2/7216.37
[13-120] 铝板天棚 600×600/100m2/8706.23
[13-121] 铝板天棚 1200×300/100m2/11011.99
[13-122] 铝合金条板天棚 闭缝/100m2/12213.14
[13-123] 铝合金条板天棚 开缝/100m2/7204.51
[13-124] 铝合金挂片天棚 条型 间距（mm） 100/100m2/4066.79
[13-125] 铝合金挂片天棚 条型 间距（mm） 150/100m2/3828.58
[13-126] 铝合金挂片天棚 条型 间距（mm） 200/100m2/3590.18
[13-127] 铝合金挂片天棚 块型 间距（mm） 200/100m2/3707.69
[13-128] 铝方通天棚 条型 间距（mm） 100/100m2/16135.30
[13-129] 铝方通天棚 条型 间距（mm） 150/100m2/15178.79
[13-130] 铝方通天棚 条型 间距（mm） 200/100m2/13322.54
[13-131] 铝合金扣板/100m2/8374.49
[13-132] 方形铝扣板300×300/100m2/6720.32
[13-133] 铝扣板收边线/100m/657.83
[13-134] 不锈钢镜面板 方形/100m2/21038.07
[13-135] 镜面玻璃天棚 平缝/100m2/9151.96
[13-136] 镭射玻璃 平面/100m2/10192.70
[13-137] 镭射玻璃 异形/100m2/12084.54
[13-138] 镜面玻璃 井格形/100m2/16836.26
[13-139] 镜面玻璃 锥形/100m2/23170.77
[13-140] 有机胶片 方格式/100m2/4842.11
[13-141] 金属板 烤漆异形板条 吊顶/100m2/6312.77
[13-142] 嵌入式 不锈钢格栅/100m2/8694.51
[13-143] 天棚灯片(搁放型) 乳白胶片/100m2/3871.44
[13-144] 天棚灯片(搁放型) 分光铝格栅/100m2/6562.59
[13-145] 天棚灯片(搁放型) 塑料透光片/100m2/5491.59
[13-146] 天棚灯片(搁放型) 玻璃纤维片/100m2/1283.19

图 12-1 天棚吊顶预算定额指引（续）

现场认识

结合日常生活的场所，你在哪些地方见到过天棚吊顶？它们是用什么材质做的？

_____
_____
_____
_____
_____
_____
_____

任务描述

已知某银行卫生间的天棚吊顶平面图、图例及装修材料表（图 12-2 和表 12-2 及表 12-3），现要求完成该图纸中卫生间天棚吊顶的工程量清单及预算编制。

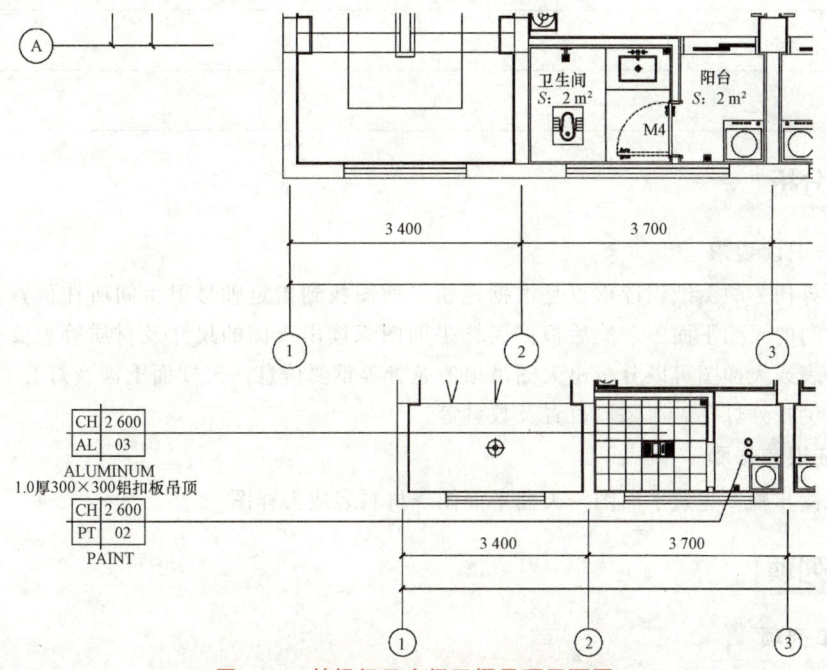

图 12-2　某银行卫生间天棚吊顶平面图

表 12-2　某银行卫生间天棚吊顶平面图图例

灯具名称	图例	灯具名称	图例
嵌入式排风扇		600 mm×600 mm 格栅灯盘	
6 mm 亚克力灯片（内藏 LED 灯）		600 mm×600 mm LED 嵌入式吸顶灯	
暗藏 LED 灯带		300 mm×300 mm LED 嵌入式吸顶灯	
4 寸 LED 筒灯		浴霸五合一	
300 mm×1 200 mm 格栅灯盘		吸顶灯	

表 12-3　某银行卫生间天棚吊顶装修材料

	AL/铝板类	
AL	01	2 mm 厚铝单板踢脚线，灰色氟碳漆喷涂（内 18 mm 细木工板基层）	窗边框
AL	02	2 mm 厚铝单板踢脚线，灰色氟碳漆喷涂	踢脚线
AL	03	轻钢龙骨、1.0 mm 厚 300 mm×300 mm 铝扣板吊顶	卫生间天棚

任务引导

请在教师的指导下根据所给图纸分析该天棚吊顶的类型及材质。

_____
_____
_____
_____

◎ 识图分析

1. 图纸识读要求

本次预算任务的图纸识读重点是根据建筑平面图找到指定轴号卫生间所在位置,根据轴号找到该卫生间的天棚平面图,然后根据天棚平面图识读出天棚的尺寸及材质等重要信息,再结合装修做法表或大样图可以分析出天棚吊顶的龙骨等重要信息,天棚面上涉及灯孔、通风口的,需要根据图例找到灯孔、通风口位置及数量等。

2. 图纸识读步骤

图纸识读步骤:建筑平面图→天棚平面图→材料表或大样图。

◎ 预算列项

1. 清单列项

根据清单指引,本任务所对应的工程量清单子目是天棚吊顶项目。

2. 定额列项分析

根据清单项目特征与定额对应关系,列出天棚吊顶项目对应的定额子目。

问题讨论

天棚吊顶各构造层次的连接关系如何?

_____
_____
_____
_____

◎ 工程算量

1. 计算规则

(1) 清单工程量计算规则。天棚吊顶按设计图示尺寸以水平投影面积计算。天棚面中的灯槽及跌级、锯齿形、吊挂式、藻井式天棚面积不展开计算。不扣除间壁墙、检查口、附墙烟囱、柱垛和管道所占面积,扣除单个>0.3 m² 的孔洞、独立柱及与天棚相连的窗帘盒所占的面积。

(2) 定额工程量计算规则。天棚龙骨按主墙间水平投影面积计算,不扣除间壁墙、梁、柱、附墙烟囱、检查口和管道所占的面积,扣除单个>0.3 m² 的孔洞、独立柱及与天棚相连的窗帘盒所占的面积。斜面龙骨按斜面计算。

天棚吊顶的基层和面层均按设计图示尺寸以展开面积计算。天棚面中的灯槽及跌级、阶梯式、锯齿形、吊挂式、藻井式天棚面积按展开计算。不扣除间壁墙、垛、柱、附墙烟囱、检查口和管道所占的面积，扣除单个>0.3 m² 的孔洞、独立柱及与天棚相连的窗帘盒所占的面积。

2. 算量方法

根据计算规则，龙骨只需从建筑平面图上先读取或量取出指定房间主墙间净空开间和净深净尺寸，两者相乘即可计算出其主墙间净面积，基层以及面层则需要计算在主墙间净面积基础上天棚高低落差处的侧面积。

3. 算量过程

现以上述天棚吊顶为例进行工程量计算，具体见表12-4。

表 12-4　工程计量单

楼层	轴号、房间名	项目名称或材料名称	单位	计算公式	工程量
1	二层卫生间	平级轻钢天棚龙骨（不上人型）	m²	1.7×2.1	3.57
2		300 mm×300 mm 铝扣板	m²	1.7×2.1	3.57

4. 工程量清单编制

工程量清单编制的难点在于准确、完整填写项目特征，项目特征须参照清单指引结合图纸设计完整填写（表12-5）。

表 12-5　清单与计价表

序号	项目编码	项目名称	项目特征描述	计量单位	工程量	综合单价	合价	其中暂估价
		分部分项工程费						
1	011302001001	吊顶天棚	1. 600 mm×600 mm 不上人轻钢龙骨 2. 1.0 mm 厚 300 mm×300 mm 铝扣板面层	m²	3.57			

问题讨论

不上人天棚是什么意思？不上人型与上人型有什么区别？

_____

_____

_____

_____

工程计价

1. 定额套用

参照《江西预算定额》，以天棚吊顶项目为例，定额套用详见表12-6，具体套用定额方法请扫描右侧二维码。

— 117 —

表 12-6 定额套用表

序号	定额编号	项目名称	单位	工程量	单价/元 单价	单价/元 工资	总价/元 总价	总价/元 工资
1	13－32	装配式 U 形轻钢天棚龙骨（不上人型）规格（mm）600×600 平面	100 m²	0.036	3 893.95	1 116.29	140.18	40.19
2	13－117	铝合金方板天棚 嵌入式（平板）	100 m²	0.036	7 474.80	527.52	269.09	18.99

问题讨论

请在教师的指导下讨论天棚吊杆要不要计算工程量。

2. 定额费用合计

在第 3 步定额套价基础上，汇总出装饰工程定额费用（表 12-7）。

表 12-7 定额取费表

序号	定额编号	项目名称	定额费小计/元 总价	定额费小计/元 工资	专业归属	备注
1	13－32	装配式 U 形轻钢天棚龙骨（不上人型）规格（mm）600×600 平面	140.18	40.19	装饰	定额费用数据来源为表 12-6
2	13－117	铝合金方板天棚 嵌入式（平板）	269.09	18.99		
3		装饰专业定额费小计（1+2）	409.27	59.18		

问题讨论

请在教师的指导下讨论跌级天棚吊顶工程量应如何计算。

3. 综合单价计算

根据《江西费用定额》，在分专业定额费用基础上计取企业管理费和利润，并汇总出装饰费用合计，再根据清单工程量计算出清单综合单价（表 12-8）。

表 12-8　清单综合单价计算表

序号	定额编号	项目名称	单位	费用/元 定额费用	其中：人工费
一		装饰定额费用	元	409.27	59.18
二		企业管理费	人工费×(10.05%＋0.83%)	元	6.44
三		利润	人工费×7.41%	元	4.39
四		装饰总费用	一＋二＋三	元	420.10
五		清单工程量		m²	3.57
六		综合单价	四÷五	元/m²	117.67

问题讨论

请在教师的指导下讨论天棚吊顶用材规格对预算的影响。

任务检查

在完成上述预算任务后，需要针对施工图识读、工程量计算、清单编制、定额套用及综合取费进行检查，并根据检查情况填写自查表（表 12-9）。

表 12-9　自查表

序号	检查项目	检查内容	检查结果（无误填"√"，有误填"×"并加以整改）
1	施工图识读	主要检查构造做法、材质规格及预算范围等方面	
2	工程量计算	检查主要包括计算单位、计算方法和计算结果等方面	
3	清单编制	检查主要包括清单编码、项目名称、项目特征、计量单位和工程量填写等方面	
4	定额套用	检查主要包括定额选用、定额换算、材质规格、定额工程量是否对应项目特征（或图纸说明）、工程量等方面	
5	综合取费	检查主要包括定额费用项目是否有遗漏、计算程序和计算费率是否符合《江西费用定额》的规定、计算结果是否有错误三个方面	

任务评价

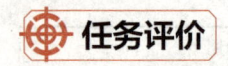

在完成各项预算任务后，需要根据完成的准确性、时效性、完整性和规范性进行自我评价、小组评价和教师评价，并填写评价表（表 12-10）。

表 12-10 评价表

序号	评价内容		自我评价	小组评价	教师评价
1	预算准确性（50分）	如发现以下几类错误扣分（各类问题每发现 1 处扣 5 分，扣完为止）：（1）工程量计算规则的选用错误；（2）工程量计算错误；（3）错套定额；（4）未按照有关规定取费；（5）总造价汇总错误；（6）项目特征描述错误；（7）其他错误			
2	预算及时性（20分）	在规定时间内完成得满分（20分），未按期完成工作任务的每延期 2 min 扣 1 分			
3	预算完整性（20分）	预算成果应包括工程计量单、清单与计价表、定额套用表、定额取费表、清单综合单价计算表（是否符合基本建设程序、是否超出项目概算、合同价及超出的原因等）、审核定案表，每遗漏一张表扣 4 分，直至扣完为止			
4	预算规范性（10分）	预算报告要求格式规范，具体包括计算单位、定额编号、清单编码、计量单位、小数点取舍等都须严格按规范要求。发现不规范的每一处扣 2 分，扣完为止			
5	预算评价分	1~4 项合计（满分 100 分）			

素养提升

在我国，天棚吊顶经过了木工顶→编织袋、塑料彩条纸吊顶→石灰顶→PVC 材质吊顶→铝合金金属吊顶→集成吊顶→顶墙定制多个发展阶段。

对此，大家有何感悟？

课外作业

请参照本案例天棚吊顶的计价方法，尝试完成其他类型天棚吊顶的计量和计价。

以赛促学

相关赛题参见全国职业院校技能大赛官网（http://www.nvsc.com.cn/sqbz-mj/）。

任务十三　灯槽（带）

知识目标

(1) 了解灯槽（带）的区别。
(2) 了解灯槽（带）的材质类型及规格。
(3) 掌握灯槽（带）计算规则。

能力目标

(1) 能够掌握灯槽（带）材质构造与预算的关联性。
(2) 能够掌握灯槽（带）计量、计价及取费方法。

素质目标

(1) 从灯槽（带）艺术造价，培养学生的审美观。
(2) 从灯槽（带）施工工艺对比案例，引导学生养成规范意识和工匠精神。
(3) 从中华传统建筑屋顶经典案例，培养学生的家国情怀。

教与学

知识准备

天棚灯槽（带）装修不但要考虑它的实用性，同时要兼顾美观需求。灯槽与灯带是装饰在天棚上常用的两种灯光造型，其区别在于灯光向外照射方向的不同。灯带的灯光照射方向是垂直于地面的；灯槽的灯光照射方向是先照射到顶面再向下反射的。

不同材质背灯槽（带）施工工艺流程有所不同，具体内容详见建筑施工技术课程。

问题讨论

请在课前复习以前所学建筑施工技术课程有关灯槽（带）施工的要点。

_____
_____
_____
_____

素质引申

近期网上关于无主灯灯光设计，在网上产生不同凡响，对此你有何感想？

_____
_____
_____
_____

标准规范

1. 灯槽（带）清单计价指引

灯槽（带）工程量清单项目的设置、项目特征描述的内容、计量单位及工程量计算规则应按表 13-1 的规定执行。

表 13-1　天棚其他装饰（编码：011304）

项目编码	项目名称	项目特征	计量单位	工程量计算规则	工作内容
011304001	灯带（槽）	1. 灯带形式、尺寸 2. 格栅片材料品种、规格 3. 安装固定方式	m^2	按设计图示尺寸以框外围面积计算	安装、固定
011304002	送风口、回风口	1. 风口材料品种、规格 2. 安装固定方式 3. 防护材料种类	个	按设计图示数量计算	1. 安装、固定 2. 刷防护材料

2. 灯槽（带）预算定额指引

灯槽（带）预算定额指引如图 13-1 所示。

```
[13-235] 悬挑式灯槽 直形 胶合板面/100m2/7260.95
[13-236] 悬挑式灯槽 直形 细木工板面/100m2/12360.57
[13-237] 悬挑式灯槽 弧形 胶合板面/100m2/8800.51
[13-238] 附加式灯槽/100m2/15844.90
[13-243] 灯光孔、风口(每个面积在m2以内)开孔 0.02/10个/38.40
[13-244] 灯光孔、风口(每个面积在m2以内)开孔 0.04/10个/48.00
[13-245] 灯光孔、风口(每个面积在m2以内)开孔 0.1/10个/64.32
[13-246] 灯光孔、风口(每个面积在m2以内)开孔 0.5/10个/79.68
[13-247] 格栅灯带/10m/105.60
```

图 13-1　灯槽（带）预算定额指引

现场认识

结合日常生活中的场所，你在哪些地方见到过灯槽（带）？你能区分灯槽、灯带吗？

任务描述

已知某银行营业大厅的建筑平面图、天棚平面图及节点大样图（图 13-2～图 13-4），现要求完成该图纸⑦～⑩交Ⓑ～Ⓑ/₁轴之间的灯槽（带）的工程量清单及预算编制。

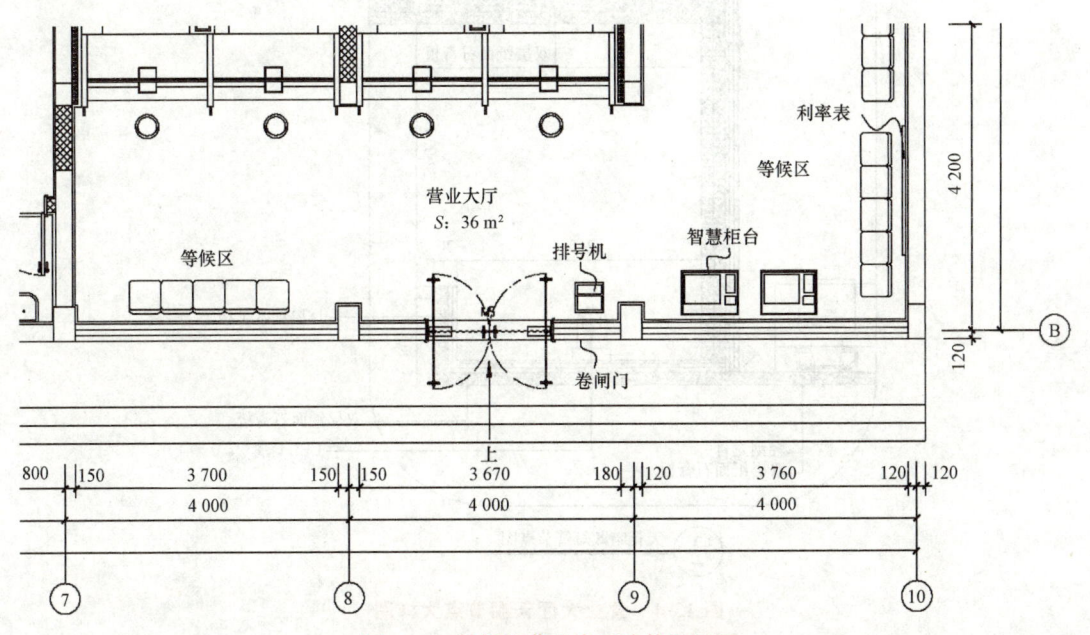

图 13-2　某银行营业大厅建筑平面图

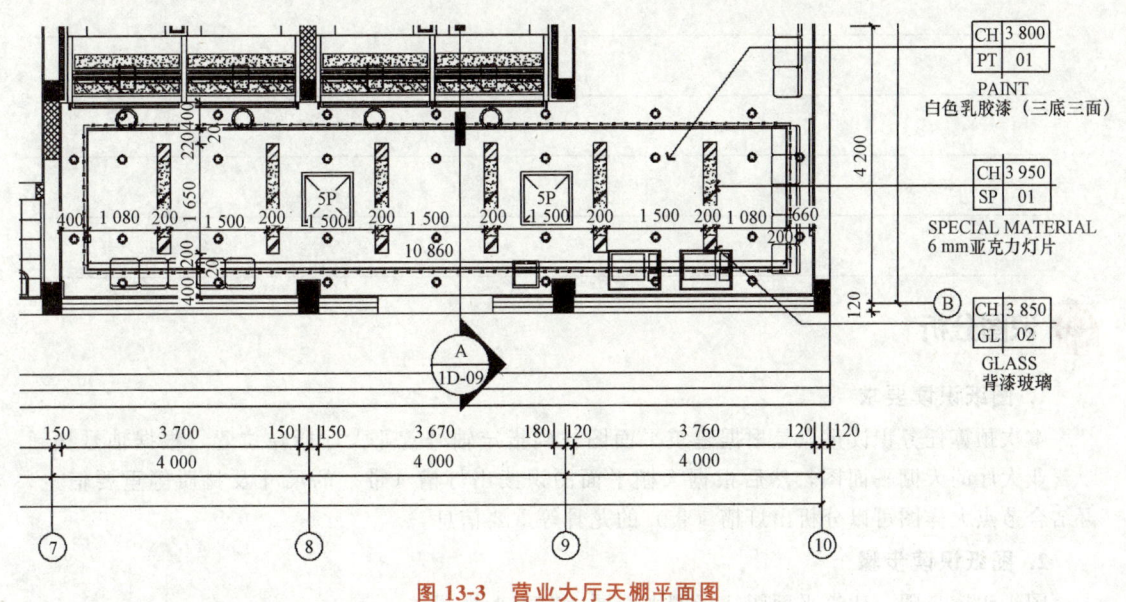

图 13-3　营业大厅天棚平面图

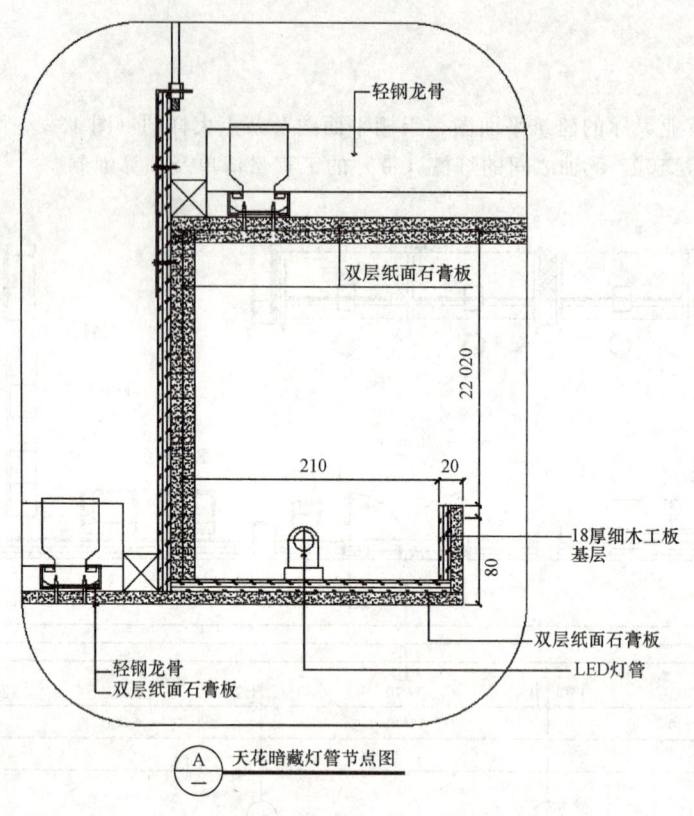

图 13-4 营业大厅天棚节点大样图

任务引导

请在教师的指导下根据所给图纸分析该灯槽（带）类型及材质。

_____

_____

_____

_____

_____

_____

识图分析

1. 图纸识读要求

本次预算任务识读重点是根据建筑平面图找到指定轴号营业大厅所在位置，根据轴号找到该营业大厅的天棚平面图，然后根据天棚平面图识读出灯槽（带）的尺寸及材质等重要信息，再结合节点大样图可以分析出灯槽（带）的龙骨等重要信息。

2. 图纸识读步骤

图纸识读步骤：建筑平面图→大棚平面图→节点大样图。

预算列项

1. 清单列项

根据清单指引,本任务所对应的工程量清单子目是灯槽(带)项目。

2. 定额列项分析

根据清单项目特征与定额对应关系,列出灯槽(带)项目对应的定额子目。

问题讨论

图纸上没有标注尺寸怎么办?

_____
_____
_____
_____
_____
_____

工程算量

1. 计算规则

(1) 清单工程量计算规则。灯槽(带)按设计图示尺寸以框外围面积计算。

(2) 定额工程量计算规则。灯带(槽)按设计图示尺寸以框外围面积计算。

2. 算量方法

根据计算规则,先从建筑天棚平面图上读取或量取出指定房间灯带(槽)的长度,再根据大样图读取灯带(槽)的宽度尺寸,两者相乘即可计算出框外围面积。

3. 算量过程

现以上述灯槽(带)为例进行工程量计算,具体见表13-2。

表13-2 工程计量单

楼层	轴号、房间名	项目名称或材料名称	单位	计算公式	工程量
1	营业大厅灯槽 (⑦~⑩交Ⓑ~①/Ⓑ)	18 cm 细木工板基层	m²	(9.34+5.65)×2×(0.24+0.08)	9.593 6
		石膏板	m²	(9.34+5.65)×2×(0.24+0.08)	9.593 6

4. 工程量清单编制

工程量清单编制的难点在于准确、完整填写项目特征,项目特征须参照清单指引结合图纸设计完整填写(表13-3)。

表 13-3 清单与计价表

序号	项目编码	项目名称	项目特征描述	计量单位	工程量	金额/元 综合单价	合价	其中 暂估价
		分部分项工程费						
1	011304001001	灯带（槽）	1. 18 cm 细木工板基层 2. 石膏板面层	m²	9.593 6			

问题讨论

请在教师的指导下讨论灯槽长度和宽度应怎样从图纸上读取出来。

工程计价

1. 定额套用

参照《江西预算定额》，以灯槽（带）项目为例，定额套用详见表 13-4，具体套用定额方法请扫描右侧二维码。

表 13-4 定额套用表

序号	定额编号	项目名称	单位	工程量	单价/元 单价	工资	总价/元 总价	工资
1	13—236	悬挑式灯槽 直形 细木工板面	100 m²	0.096	14 446.42	5 193.22	1 386.86	498.55
2	13—235	悬挑式灯槽 直形 胶合板面	100 m²	0.096	9 111.30	4 606.85	874.68	442.26

问题讨论

请在教师的指导下讨论悬挑式灯槽与附加式灯槽的区别。

2. 定额费用合计

在第 3 步定额套价基础上，汇总出装饰工程定额费用（表 13-5）。

表 13-5　定额取费表

序号	定额编号	项目名称	定额费小计/元 总价	定额费小计/元 工资	专业归属	备注
1	13－236	悬挑式灯槽 直形 细木工板面	1 386.86	498.55	装饰	定额费用数据来源为表 13-4
2	13－235	悬挑式灯槽 直形 胶合板面	874.68	442.26		
3	装饰专业定额费小计（1＋2）		2 261.54	940.81		

问题讨论

请在教师的指导下讨论灯孔和风口应如何计算。

3. 综合单价计算

根据《江西费用定额》，在分专业定额费用基础上计取企业管理费和利润，并汇总出装饰费用合计，再根据清单工程量计算出清单综合单价（表 13-6）。

表 13-6　清单综合单价计算表

序号	定额编号	项目名称	单位	费用/元 定额费用	其中：人工费
一		装饰定额费用	元	2 261.54	940.81
二		企业管理费	人工费×(10.05%＋0.83%)	元	102.36
三		利润	人工费×7.41%	元	69.71
四		装饰总费用	一＋二＋三	元	2 433.61
五		清单工程量		m²	9.59
六		综合单价	四÷五	元/m²	253.76

问题讨论

请在教师的指导下讨论灯槽（带）用材规格对预算的影响。

任务检查

在完成上述预算任务后，需要针对施工图识读、工程量计算、清单编制、定额套用及综合取费进行检查，并根据检查情况填写自查表（表 13-7）。

表13-7 自查表

序号	检查项目	检查内容	检查结果（无误填"√"，有误填"×"并加以整改）
1	施工图识读	主要检查构造做法、材质规格及预算范围等方面	
2	工程量计算	检查主要包括计算单位、计算方法和计算结果等方面	
3	清单编制	检查主要包括清单编码、项目名称、项目特征、计量单位和工程量填写等方面	
4	定额套用	检查主要包括定额选用、定额换算、材质规格、定额工程量是否对应项目特征（或图纸说明）、工程量等方面	
5	综合取费	检查主要包括定额费用项目是否有遗漏、计算程序和计算费率是否符合《江西费用定额》的规定、计算结果是否有错误三个方面	

任务评价

在完成各项预算任务后，需要根据完成的准确性、时效性、完整性和规范性进行自我评价、小组评价和教师评价，并填写评价表（表13-8）。

表13-8 评价表

序号	评价内容		自我评价	小组评价	教师评价
1	预算准确性（50分）	如发现以下几类错误扣分（各类问题每发现1处扣5分，扣完为止）：（1）工程量计算规则的选用错误；（2）工程量计算错误；（3）错套定额；（4）未按照有关规定取费；（5）总造价汇总错误；（6）项目特征描述错误；（7）其他错误			
2	预算及时性（20分）	在规定时间内完成得满分（20分），未按期完成工作任务的每延期2 min扣1分			
3	预算完整性（20分）	预算成果应包括工程计量单、清单与计价表、定额套用表、定额取费表、清单综合单价计算表（是否符合基本建设程序、是否超出项目概算、合同价及超出的原因等）、审核定案表，每遗漏一张表扣4分，直至扣完为止			
4	预算规范性（10分）	预算报告要求格式规范，具体包括计算单位、定额编号、清单编码、计量单位、小数点取舍等都须严格按规范要求。发现不规范的每一处扣2分，扣完为止			
5	预算评价分	1~4项合计（满分100分）			

素养提升

大家百度查看"火炬照亮前行道路——一盏马灯的故事",谈谈对此有何感悟。

课外作业

请参照本案例灯槽(带)的计价方法,尝试完成其他类型灯槽(带)的计量和计价。

以赛促学

相关赛题参见全国职业院校技能大赛官网(http://www.nvsc.com.cn/sqbz-mj/)。

任务十四 全玻自由门

知识目标

(1) 了解门窗的类型。
(2) 了解门窗的组成部分。
(3) 掌握门窗计算规则。

能力目标

(1) 能够掌握门窗框料规格与预算的关联性。
(2) 能够掌握门窗计量、计价及取费方法。

素质目标

(1) 通过讲述"上门板、捆铺草",培养学生的家国情怀。
(2) 从门锁智能化,引导学生养成安全意识和创新精神。
(3) 从门窗尺寸联想到鲁班尺,引导学生拥有文化自信。

教与学

知识准备

常见门窗材质可分为木、不锈钢、铝合金、塑钢、断桥铝、铸铁等。根据开启方式不同,门窗可分为地弹门、平开门、推拉门、折叠门、卷帘门、伸缩门及转门等。卷帘门常见是商场店铺等的外门窗封闭及车库门。

门窗的组成可分为门窗框、门窗扇、门窗套及门窗五金等。不同类型的门窗组成部分略有差异,详见房屋建筑学课程相关内容。

问题讨论

请在课前复习以前所学房屋建筑学课程,分析全玻自由门的构造组成。

素质引申

自古以来,中国民间就有过春节时在门上贴门神的习俗。你知道中国的门神有哪几类吗?

标准规范

1. 全玻自由门清单计价指引

全玻自由门工程量清单项目的设置、项目特征描述的内容、计量单位及工程量计算规则应按表 14-1 的规定执行。

表 14-1　其他门（编码：010805）

项目编码	项目名称	项目特征	计量单位	工程量计算规则	工作内容
010805003	电子对讲门	1. 门代号及洞口尺寸 2. 门框或扇外围尺寸 3. 门材质 4. 玻璃品种、厚度 5. 启动装置的品种、规格 6. 电子配件品种、规格	樘 m²	1. 以樘计量，按设计图示数量计算 2. 以平方米计量，按设计图示洞口尺寸以面积计算	1. 门安装 2. 启动装置、五金、电子配件安装
010805004	电动伸缩门				
010805005	全玻自由门	1. 门代号及洞口尺寸 2. 门框或扇外围尺寸 3. 框材质 4. 玻璃品种、厚度			1. 门安装 3. 五金安装
010805006	镜面不锈钢饰面门	1. 门代号及洞口尺寸 2. 门框或扇外围尺寸 3. 框、扇材质 4. 玻璃品种、厚度			

注：①以樘计量，项目特征必须描述洞口尺寸，没有洞口尺寸必须描述门框或扇外围尺寸，以平方米计量，项目特征可不描述洞口尺寸及框、扇的外围尺寸。
②以平方米计量，无设计图示洞口尺寸，按门框、扇外围以面积计算。

2. 全玻自由门预算定额指引

全玻自由门预算定额指引如图 14-1 所示。

```
[8-54] 全玻璃门扇安装 有框门扇/100m2/14290.64
[8-55] 全玻璃门扇安装 无框(条夹)门扇/100m2/8290.64
[8-56] 全玻璃门扇安装 无框(点夹)门扇/100m2/8500.88
[8-57] 固定玻璃安装/100m2/9851.36
[8-58] 全玻转门安装 直径3.6m、不锈钢柱、玻璃12mm/樘/1080.00
[8-59] 电子感应自动门传感装置/套/198.91
```

图 14-1　全玻自由门预算定额指引

现场认识

结合日常生活中的场所，你在哪些地方见到过全玻自由门？你知道它由哪些部分组成吗？

任务描述

已知某服务中心的建筑立面索引图、立面图、墙身详图（图14-2～图14-4），现要求完成该图纸⑬～⑭交Ⓐ轴之间的全玻自由门的清单及预算编制（包边框、门套不考虑）。

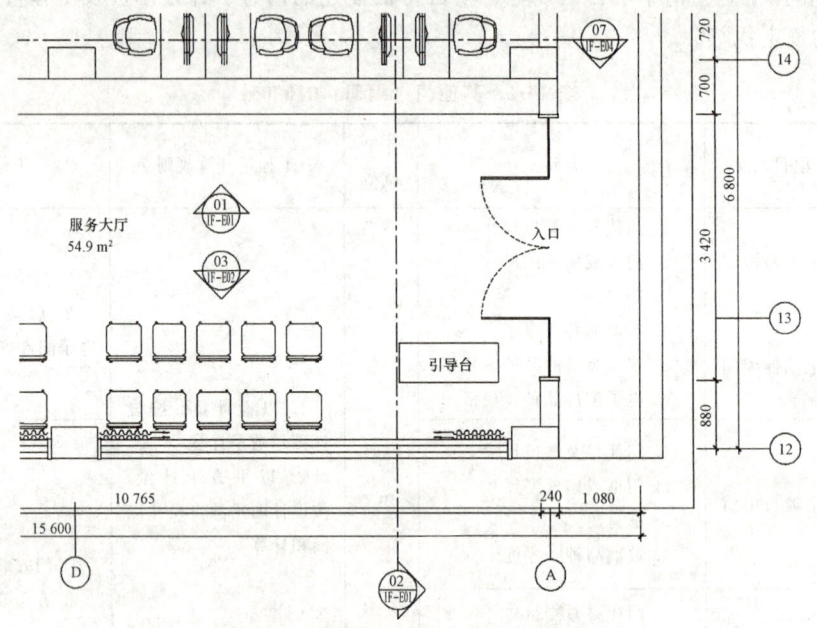

图14-2 某服务中心建筑立面索引图

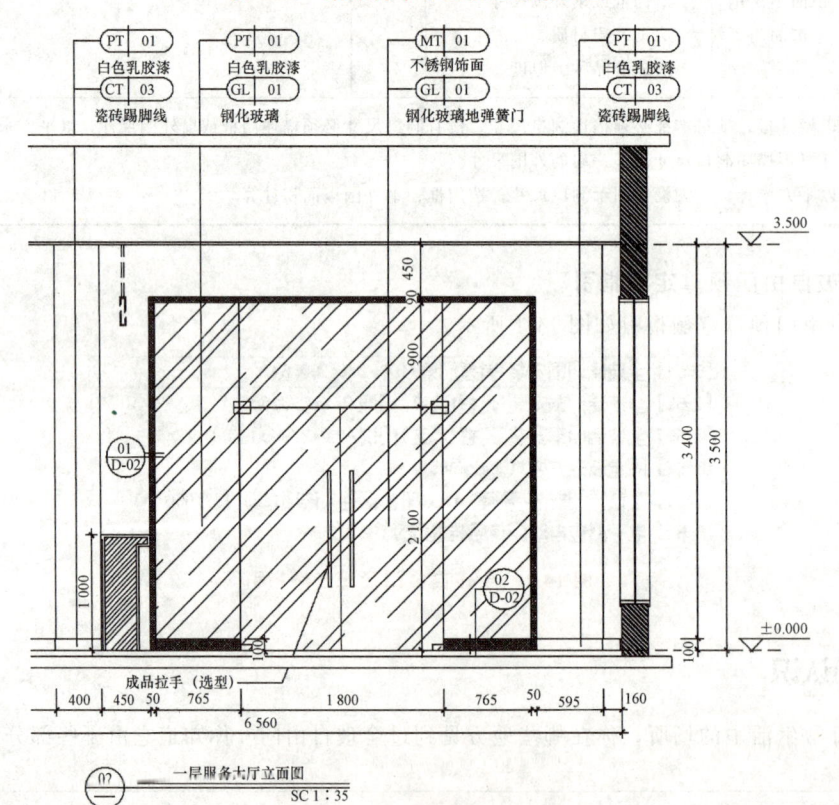

图14-3 一层服务大厅立面图

— 132 —

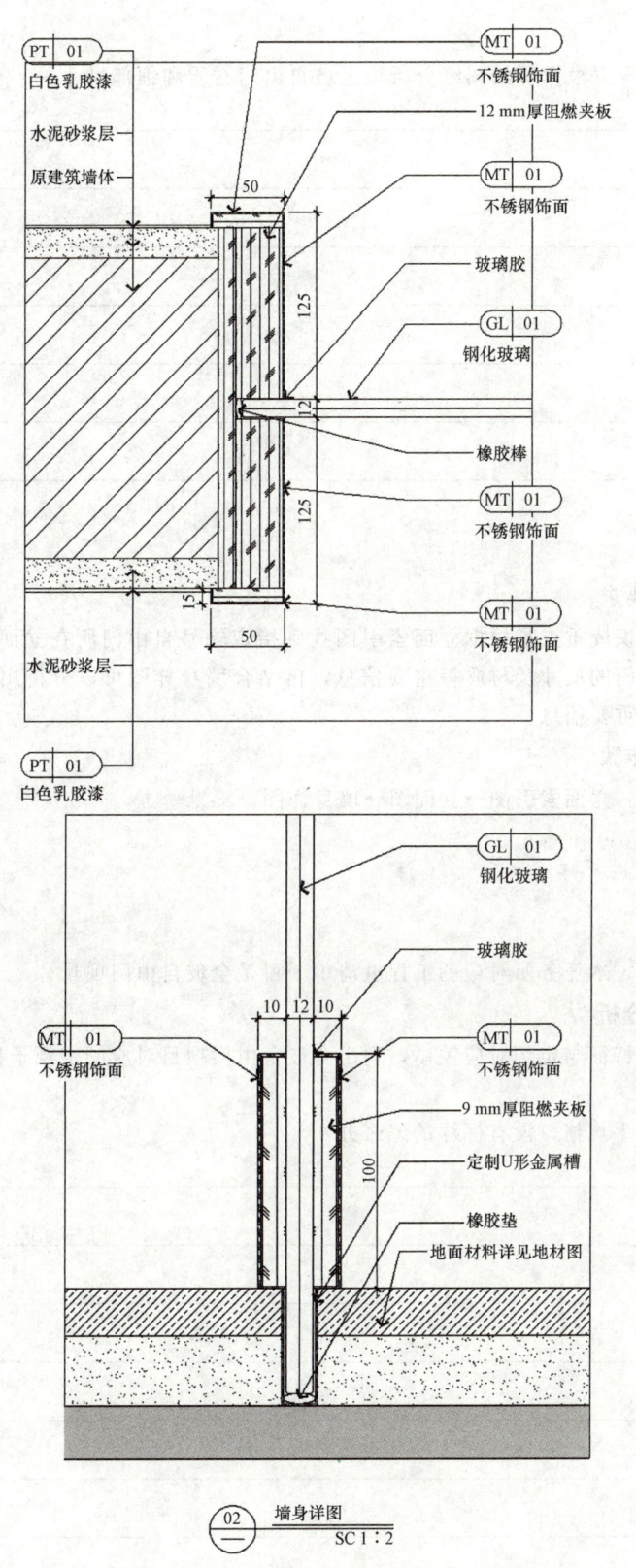

图 14-4　服务大厅墙身详图

任务引导

请在教师的指导下根据所给图纸分析该全玻自由门材质和细部尺寸。

_____
_____
_____
_____
_____
_____

识图分析

1. 图纸识读要求

本次预算任务识读重点是根据立面索引图找到指定轴号自由门所在立面图，然后根据立面图识读出全玻自由门的尺寸及材质等重要信息，再结合墙身详图可以分析出全玻自由门的细部构造及相应尺寸等重要信息。

2. 图纸识读步骤

图纸识读步骤：立面索引图→立面图→墙身详图。

预算列项

1. 清单列项

根据清单指引，本任务所对应的工程量清单子目是全玻自由门项目。

2. 定额列项分析

根据清单项目特征与定额对应关系，列出全玻自由门项目对应的定额子目。

问题讨论

图纸上没有拉手规格，没有标注的怎么办？

_____
_____
_____
_____
_____
_____
_____
_____

工程算量

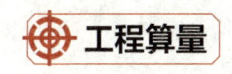

1. 计算规则

（1）清单工程量计算规则。全玻自由门按以樘计量，按设计图示数量计算；或以平方米计量，按设计图示洞口尺寸以面积计算。

（2）定额工程量计算规则。全玻无框（条夹）门扇按设计图示扇面积计算，高度算至条夹外边线、宽度算至玻璃外边线。全玻无框（点夹）门扇按设计图示玻璃外边线尺寸以扇面积计算。成品门窗套按设计图示饰面外围尺寸展开面积计算。

2. 算量方法

根据计算规则，先从立面图上读取或量取出全玻自由门宽度和高度，两者相乘即可计算出扇面积。门扇包边根据节点详图读出细部尺寸按展开面积计算，门附属构件在图上直接数出个数。

3. 算量过程

现以上述全玻自由门为例进行工程量计算，具体见表14-2。

表14-2 工程计量单

楼层	轴号、房间名	项目名称或材料名称	单位	计算公式	工程量
1	服务大厅全玻自由门（⑬～⑭交Ⓐ）	全玻自由门	m²	1.8×2.1	3.78
		地弹簧	个	2	2
		管子拉手	个	2	2

4. 工程量清单编制

工程量清单编制的难点在于准确、完整填写项目特征，项目特征须参照清单指引结合图纸设计完整填写（表14-3）。

表14-3 清单与计价表

序号	项目编码	项目名称	项目特征描述	计量单位	工程量	综合单价	合价	其中 暂估价
		分部分项工程费						
1	010805005001	全玻自由门	全玻自由门：洞口尺寸1 800 mm×2 100 mm，无框，12 mm厚钢化玻璃，含成品管子拉手、门夹、地弹簧及安装	m²	3.78			

问题讨论

请在教师的指导下讨论地弹簧和管子拉手应怎样依据图纸进行计算。

工程计价

1. 定额套用

参照《江西预算定额》,以全玻自由门项目为例,定额套用详见表 14-4,具体套用定额方法请扫描右侧二维码。

表 14-4 定额套用表

序号	定额编号	项目名称	单位	工程量	单价/元 单价	单价/元 工资	总价/元 总价	总价/元 工资
1	8—54 换	全玻璃门扇安装 有框门扇 全玻璃门有框亮子安装 换:水泥砂浆 1:2	100 m²	0.038	14 025.55	1 020.19	532.97	38.77
2	8—113	自由门 地弹簧	10 个	0.2	1 993.94	574.08	398.79	114.82
3	8—110	管子拉手	10 个	0.2	385.64	48	77.13	9.60

问题讨论

请在教师的指导下讨论有框全玻自由门与无框自由门的区别。

2. 定额费用合计

在第 3 步定额套价基础上,汇总出装饰工程定额费用(表 14-5)。

表 14-5 定额取费表

序号	定额编号	项目名称	定额费小计/元 总价	定额费小计/元 工资	专业归属	备注
1	8-54 换	全玻璃门扇安装 有框门扇 全玻璃门有框亮子安装 换:水泥砂浆 1:2	532.97	38.77	装饰	定额费用数据来源为表 14-3
2	8-113	自由门 地弹簧	398.79	114.82		
3	8-110	管子拉手	77.13	9.60		
4		装饰专业定额费小计(1+2+3)	1 008.89	163.19		

问题讨论

请在教师的指导下讨论玻璃规格厚度对自由门预算的影响。

_____
_____
_____
_____
_____
_____
_____

3. 综合单价计算

根据《江西费用定额》,在分专业定额费用基础上计取企业管理费和利润,并汇总出装饰费用合计,再根据清单工程量计算出清单综合单价(表 14-6)。

表 14-6 清单综合单价计算表

序号	定额编号	项目名称	单位	费用/元 定额费用	其中:人工费
一		装饰定额费用	元	1 008.89	163.19
二		企业管理费	人工费×(10.05%+0.83%)	元	17.75
三		利润	人工费×7.41%	元	12.09
四		装饰总费用	一+二+三	元	1 038.73
五		清单工程量		m²	3.78
六		综合单价	四÷五	元/m²	274.80

问题讨论

请在教师的指导下讨论管子拉手应如何定价。

任务检查

在完成上述预算任务后,需要针对施工图识读、工程量计算、清单编制、定额套用及综合取费进行检查,并根据检查情况填写自查表(表14-7)。

表14-7 自查表

序号	检查项目	检查内容	检查结果(无误填"√",有误填"×"并加以整改)
1	施工图识读	主要检查构造做法、材质规格及预算范围等方面	
2	工程量计算	检查主要包括计算单位、计算方法和计算结果等方面	
3	清单编制	检查主要包括清单编码、项目名称、项目特征、计量单位和工程量填写等方面	
4	定额套用	检查主要包括定额选用、定额换算、材质规格、定额工程量是否对应项目特征(或图纸说明)、工程量等方面	
5	综合取费	检查主要包括定额费用项目是否有遗漏,计算程序和计算费率是否符合《江西费用定额》的规定、计算结果是否有错误三个方面	

🎯 任务评价

在完成各项预算任务后，需要根据完成的准确性、时效性、完整性和规范性进行自我评价、小组评价和教师评价，并填写评价表（表14-8）。

表14-8 自查表

序号	评价内容		自我评价	小组评价	教师评价
1	预算准确性（50分）	如发现以下几类错误扣分（各类问题每发现1处扣5分，扣完为止）：（1）工程量计算规则的选用错误；（2）工程量计算错误；（3）错套定额；（4）未按照有关规定取费；（5）总造价汇总错误；（6）项目特征描述错误；（7）其他错误			
2	预算及时性（20分）	在规定时间内完成得满分（20分），未按期完成工作任务的每延期2 min扣1分			
3	预算完整性（20分）	预算成果应包括工程计量单、清单与计价表、定额套用表、定额取费表、清单综合单价计算表（是否符合基本建设程序、是否超出项目概算、合同价及超出的原因等）、审核定案表，每遗漏一张表扣4分，直至扣完为止			
4	预算规范性（10分）	预算报告要求格式规范，具体包括计算单位、定额编号、清单编码、计量单位、小数点取舍等都须严格按规范要求。发现不规范的每一处扣2分，扣完为止			
5	预算评价分	1～4项合计（满分100分）			

🎯 素养提升

在工程实践中，门窗尺寸有一定要求。古代安门需要以鲁班尺为依据。鲁班尺从春秋战国流传至今，并已走出国门，走向世界，并传为一段佳话。其发明者鲁班更是中国工匠的祖师。据说，木工锯子、墨斗等工具都是鲁班发明的。大家听过鲁班及鲁班尺的故事之后有何感想？

课外作业

请参照本案例全玻自由门的计价方法，尝试完成其他类型门窗的计量和计价。

🎯 以赛促学

相关赛题参见全国职业院校技能大赛官网（http://www.nvsc.com.cn/sqbz-mj/）。

任务十五　窗台板

知识目标
(1) 了解窗台板的类型。
(2) 了解窗台板的构造。
(3) 掌握窗台板工程量计算规则。

能力目标
(1) 能够掌握窗台板框料规格与预算的关联性。
(2) 能够掌握窗台板计量、计价以及取费方法。

素质目标
(1) 通过窗台板细部构造设计，培养学生的人文情怀。
(2) 从窗台板尺寸设计，培养学生的工匠精神。

教与学

知识准备
(1) 常见窗台板材质可分为木质、铝塑板、不锈钢板及石材板等。
(2) 窗台板构造详见房屋建筑学课程相关内容。

问题讨论
请在课前复习以前所学房屋建筑学课程，分析窗台板的构造组成。

_____
_____
_____
_____

素质引申
石材窗台板边沿要磨边，防止磕伤，这个细节体现了一种什么情怀？

_____
_____
_____
_____
_____

标准规范

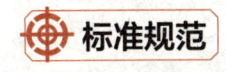

1. 窗台板清单计价指引

窗台板工程量清单项目的设置、项目特征描述的内容、计量单位及工程量计算规则应按表 15-1 的规定执行。

表 15-1　窗台板（编码：010809）

项目编码	项目名称	项目特征	计量单位	工程量计算规则	工作内容
010809001	木窗台板	1. 基层材料种类 2. 窗台面板材质、规格、颜色 3. 防护材料种类	m^2	按设计图示尺寸以展开面积计算	1. 基层清理 2. 基层制作、安装 3. 窗台板制作、安装 4. 刷防护材料
010809002	铝塑窗台板	^	^	^	^
010809003	金属窗台板	^	^	^	^
010809004	石材窗台板	1. 粘结层厚度、砂浆配合比 2. 窗台板材质、规格、颜色	^	^	1. 基层清理 2. 抹找平层 3. 窗台板制作、安装

2. 窗台板预算定额指引

窗台板预算定额指引如图 15-1 所示。

[8-96] 窗台板 木龙骨基层板 /10m2/807.01
[8-97] 窗台板 面层 柚木胶合板 /10m2/426.68
[8-98] 窗台板 面层 铝塑板 /10m2/885.39
[8-99] 窗台板 面层 不锈钢板 /10m2/1740.22
[8-100] 窗台板 面层 石材 /10m2/2595.21

图 15-1　窗台板预算定额指引

现场认识

结合日常生活中的场所，你在哪些地方见到过窗台板？你知道它是什么材质吗？

任务描述

已知某住宅楼的建筑平面图（图 15-2～图 15-4），现要求完成该图纸⑬～⑭交Ⓐ轴之间的窗台板、窗帘轨的工程量清单及预算编制（包边框、门套不考虑）。

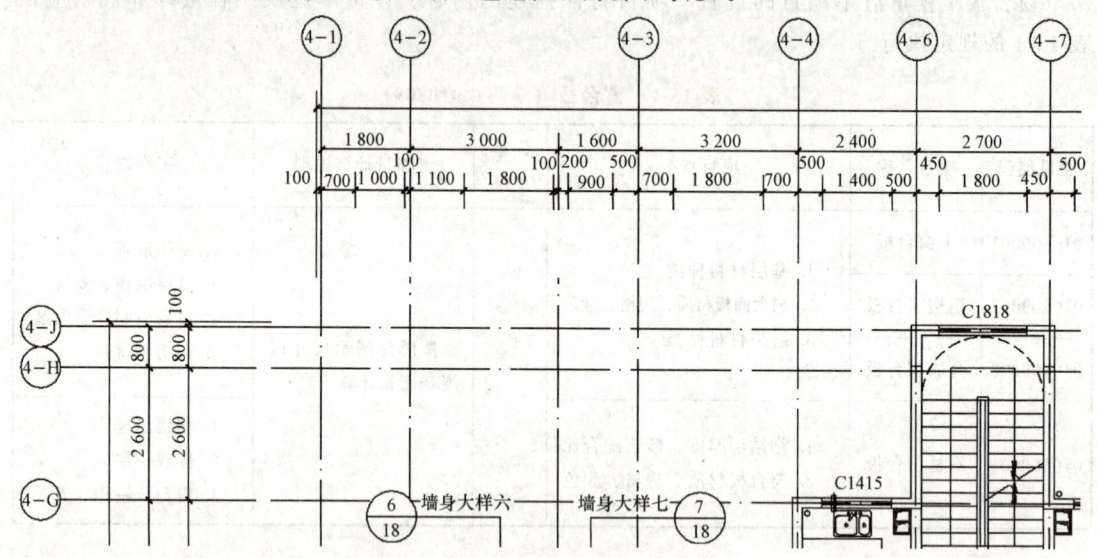

图 15-2　某住宅楼建筑平面图

普通窗	C1807	1 800×650
	C0912	90×1 200
	C1012	1 000×1 200
	C1415	1 400×1 500
	C1515	1 500×1 500
	C1815	1 800×1 500
	C1818	1 800×1 800

内墙（除做内保温外墙体外）

参照图集：赣03J001－72－14

1. 喷内墙乳胶漆两遍；
2. 6 mm 厚1:0.3:2.5水泥石灰膏砂浆结合层；
3. 6 mm 厚1:3水泥砂浆打底扫毛；
4. 墙体。

注：楼梯间窗台底部做大理石压顶

图 15-3　做法说明

节点大样做法（或图集索引编号）

设计部位	构造做法（或图集索引编号）
外墙内保温	仿国11J122－C－外墙内保温
内墙阳角、阴角	国11J122－C6－1(2)
内墙与外墙交接处	国11J122－C6－3(4)(5)
踢脚	国11J122－C7－1(2)
地下室顶板保温	国11J122－C7－3
窗侧口节点详图	国11J122－C5－3
窗台、窗上口节点详图	国11J122－C5－1(2)

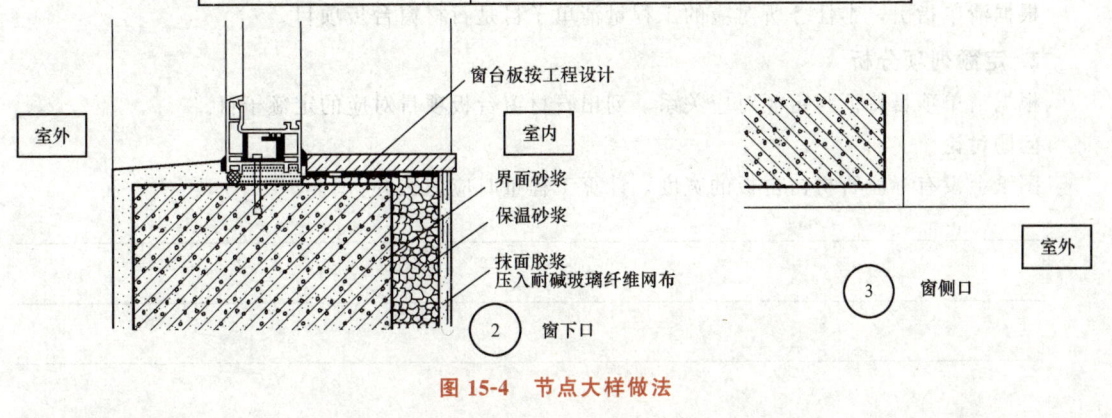

图 15-4　节点大样做法

任务引导

请在教师的指导下根据所给做法说明和节点大样分析该窗台板的材质和细部尺寸。

识图分析

1. 图纸识读要求

本次预算任务识读重点是根据平面图找到指定轴号窗台板所在窗户,然后根据门窗表与装修做法识读出窗台板的尺寸及材质等重要信息,再结合节点大样图可以分析出窗台板的细部构造及相应的尺寸等重要信息。

2. 图纸识读步骤

图纸识读步骤:平面图→门窗表→节点大样图。

预算列项

1. 清单列项

根据清单指引,本任务所对应的工程量清单子目是石材窗台板项目。

2. 定额列项分析

根据清单项目特征与定额对应关系,列出石材窗台板项目对应的定额子目。

问题讨论

图纸上没有标注石材窗台板的宽度,计算工程量时应怎么办?

_____

_____

_____

_____

_____

_____

工程算量

1. 计算规则

(1) 清单工程量计算规则。窗台板按设计图示尺寸以展开面积计算。

(2) 定额工程量计算规则。窗台板按设计图示长度乘宽度以面积计算。图纸未注明尺寸的,窗台板长度可按窗框的外围宽度两边共加 100 mm 计算。窗台板凸出墙面的宽度按墙面外加 50 mm 计算。

2. 算量方法

根据计算规则,先从平面图上读取或量取出窗台板所在窗户编号,再以窗户编号查找门窗表中窗洞宽度,由窗洞尺寸结合图纸或定额说明确定窗台板宽度,再根据这两个尺寸确定窗台板尺寸并计算出其面积。

3. 算量过程

现以上述窗台板为例进行工程量计算,具体见表 15-2。

表 15-2 工程计量单

楼层	轴号、房间名	项目名称或材料名称	单位	计算公式	工程量
全楼	楼梯间	窗台板 面层 石材	m²	（1.8＋0.1）×（0.09＋0.05）×2×13	6.916
		倒角、抛光（宽度）＞10 mm	m	1.8×2×2×13	93.6

4. 工程量清单编制

清单编制的难点在于准确完整填写项目特征，项目特征须参照清单指引结合图纸设计完整填写（表 15-3）。

表 15-3 清单与计价表

序号	项目编码	项目名称	项目特征描述	计量单位	工程量	综合单价	合价	其中 暂估价
		分部分项工程费						
1	010809004001	石材窗台板	大理石窗台板，含倒角磨边	m²	6.916			

问题讨论

请在教师的指导下讨论窗台板的长度和宽度应怎样确定。

工程计价

1. 定额套用

参照《江西预算定额》，以窗台板项目为例，定额套用详见表 15-4，具体套用定额方法请扫描右侧二维码。

表 15-4 定额套用表

序号	定额编号	项目名称	单位	工程量	单价/元 单价	单价/元 工资	总价/元 总价	总价/元 工资
1	8－100	窗台板 面层 石材	10 m²	0.692	2 747.32	378.72	1 901.15	262.07
2	15－217	倒角、抛光（宽度）＞10 mm	100 m	0.936	1 274.44	855.36	1 192.88	800.62

问题讨论

请在教师的指导下讨论窗台板倒角应如何计算。

2. 定额费用合计

在第 3 步定额套价基础上,汇总出装饰工程定额费用(表 15-5)。

表 15-5 定额取费表

序号	定额编号	项目名称	定额费小计/元 总价	定额费小计/元 工资	专业归属	备注
1	8—100	窗台板 面层 石材	1 901.15	262.07	装饰	定额费用数据来源为表 15-4
2	15—217	倒角、抛光(宽度)>10 mm	1 192.88	800.62		
3		装饰专业定额费小计(1+2)	3 094.03	1 062.69		

问题讨论

请在教师的指导下讨论窗台板厚度对窗台板预算的影响。

3. 综合单价计算

根据《江西费用定额》,在分专业定额费用基础上计取企业管理费和利润,并汇总出装饰费用合计,再根据清单工程量计算出清单综合单价(表 15-6)。

表 15-6 清单综合单价计算表

序号	定额编号	项目名称	单位	费用/元 定额费用	其中:人工费
一		装饰定额费用	元	3 094.03	1 062.69
二		企业管理费	人工费×(10.05%+0.83%)	元	115.62
三		利润	人工费×7.41%	元	78.75
四		装饰总费用	一+二+三	元	3 288.40
五		清单工程量		m²	6.916
六		综合单价	四÷五	元/m²	475.48

问题讨论

请在教师的指导下讨论大理石板应如何定价。

任务检查

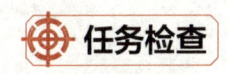

在完成上述预算任务后,需要针对施工图识读、工程量计算、清单编制、定额套用及综合取费进行检查,并根据检查情况填写自查表(表 15-7)。

表 15-7 自查表

序号	检查项目	检查内容	检查结果(无误填"√",有误填"×"并加以整改)
1	施工图识读	主要检查构造做法、材质规格及预算范围等方面	
2	工程量计算	检查主要包括计算单位、计算方法和计算结果等方面	
3	清单编制	检查主要包括清单编码、项目名称、项目特征、计量单位和工程量填写等方面	
4	定额套用	检查主要包括定额选用、定额换算、材质规格、定额工程量是否对应项目特征(或图纸说明)、工程量等方面	
5	综合取费	检查主要包括定额费用项目是否有遗漏、计算程序和计算费率是否符合《江西费用定额》的规定、计算结果是否有错误三个方面	

任务评价

在完成各项预算任务后,需要根据完成的准确性、时效性、完整性和规范性进行自我评价、小组评价和教师评价,并填写评价表(表 15-8)。

表 15-8 评价表

序号	评价内容		自我评价	小组评价	教师评价
1	预算准确性(50 分)	如发现以下几类错误扣分(各类问题每发现 1 处扣 5 分,扣完为止):(1)工程量计算规则的选用错误;(2)工程量计算错误;(3)错套定额;(4)未按照有关规定取费;(5)总造价汇总错误;(6)项目特征描述错误;(7)其他错误			
2	预算及时性(20 分)	在规定时间内完成得满分(20 分),未按期完成工作任务的每延期 2 min 扣 1 分			
3	预算完整性(20 分)	预算成果应包括:工程计量单、清单与计价表、定额套用表、定额取费表、清单综合单价计算表(是否符合基本建设程序、是否超出项目概算、合同价及超出的原因等)、审核定案表,每遗漏一张表扣 4 分,直至扣完为止			
4	预算规范性(10 分)	预算报告要求格式规范,具体包括计算单位、定额编号、清单编码、计量单位、小数点取舍等都须严格按规范要求。发现不规范的每一处扣 2 分,扣完为止			
5	预算评价分	1~4 项合计(满分 100 分)			

◎ 素养提升

在现代工业化时代,窗台板已经实行工厂化生产、现场化装配。这是否符合国家的政策导向?符合哪一条?

课外作业

请参照本案例窗台板的计价方法,尝试完成其他类型窗台板的计量和计价。

◎ 以赛促学

相关赛题参见全国职业院校技能大赛官网(http://www.nvsc.com.cn/sqbz-mj/)。

任务十六　窗帘盒（轨）

知识目标
(1) 了解窗帘盒（轨）的类型。
(2) 了解窗帘盒（轨）的构造。
(3) 掌握窗帘盒（轨）工程量计算规则。

能力目标
(1) 能够掌握窗帘盒（轨）材料规格与预算的关联性。
(2) 能够掌握窗帘盒（轨）计量、计价及取费方法。

素质目标
(1) 通过窗帘艺术化欣赏，培养学生的审美观。
(2) 从窗帘智能化讲述，培养学生的创新精神。
(3) 从窗帘盒尺寸设计分析，培养学生的工匠精神。

教与学

知识准备

常见窗帘材质可分为棉布、麻布、涤纶、混纺、纱布、绒布及塑铝和木织等，窗帘盒材质可分为木质、铝合金、塑料等。

窗帘盒构造详见房屋建筑学课程相关内容，窗帘轨可分为明轨和暗轨。

问题讨论

请在课前复习以前所学房屋建筑学课程，分析窗帘盒的构造组成。

_____
_____
_____
_____

素质引申

近年来，智能窗帘作为物联网的组成元素，越来越便利于日常生活，因此，广受市场欢迎。因此，大家在今后的工作中要善于创新利用现代技术融入建筑活动。

_____
_____
_____
_____

标准规范

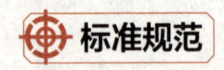

1. 窗帘、窗帘盒（轨）清单计价指引

窗帘、窗帘盒（轨）工程量清单项目的设置、项目特征描述的内容、计量单位及工程量计算规则应按表 16-1 的规定执行。

表 16-1 窗帘、窗帘盒（轨）（编码：010810）

项目编码	项目名称	项目特征	计量单位	工程量计算规则	工作内容
010810001	窗帘	1. 窗帘材质 2. 窗帘高度、宽度 3. 窗帘层数 4. 带幔要求	1. m 2. m^2	1. 以米计量，按设计图示尺寸以成活后长度计算。 2. 以平方米计量，按图示尺寸以成活后展开面积计算	1. 制作、运输 2. 安装
010810002	木窗帘盒	1. 窗帘盒材质、规格 2. 防护材料种类	m	按设计图示尺寸以长度计算	1. 制作、运输、安装 2. 刷防护材料
010810003	饰面夹板、塑料窗帘盒				
010810004	铝合金窗帘盒				
010810005	窗帘轨	1. 窗帘轨材质、规格 2. 轨的数量 3. 防护材料种类			

注：①窗帘若是双层，项目特征必须描述每层材质。
②窗帘以米计量，项目特征必须描述窗帘高度和宽

2. 窗帘盒（轨）预算定额指引

窗帘盒（轨）预算定额指引如图 16-1 所示。

- [8-101] 窗帘盒(不带轨) 制作安装 木龙骨胶合板/10m/315.50
- [8-102] 窗帘盒(不带轨) 制作安装 胶合板/10m/357.76
- [8-103] 窗帘盒(不带轨) 成品安装 塑料/10m/323.40
- [8-104] 成品窗帘轨 暗装 单轨/10m/100.70
- [8-105] 成品窗帘轨 暗装 双轨/10m/189.21
- [8-106] 成品窗帘轨 明装 单轨/10m/157.92
- [8-107] 成品窗帘轨 明装 双轨/10m/282.72

图 16-1 窗帘盒（轨）预算定额指引

现场认识

结合日常生活中的场所，你在哪些地方见到过哪些类型的窗帘、窗帘盒（轨）？你知道它们是什么材质吗？

任务描述

已知某综合楼的建筑吊顶平面图、吊顶窗帘盒做法（图16-2和图16-3），现要求完成该图纸⑪~⑬交Ⓐ~Ⓒ轴之间窗帘盒的工程量清单及预算编制（窗帘业主自理）。

图16-2 某综合楼的建筑吊顶平面图

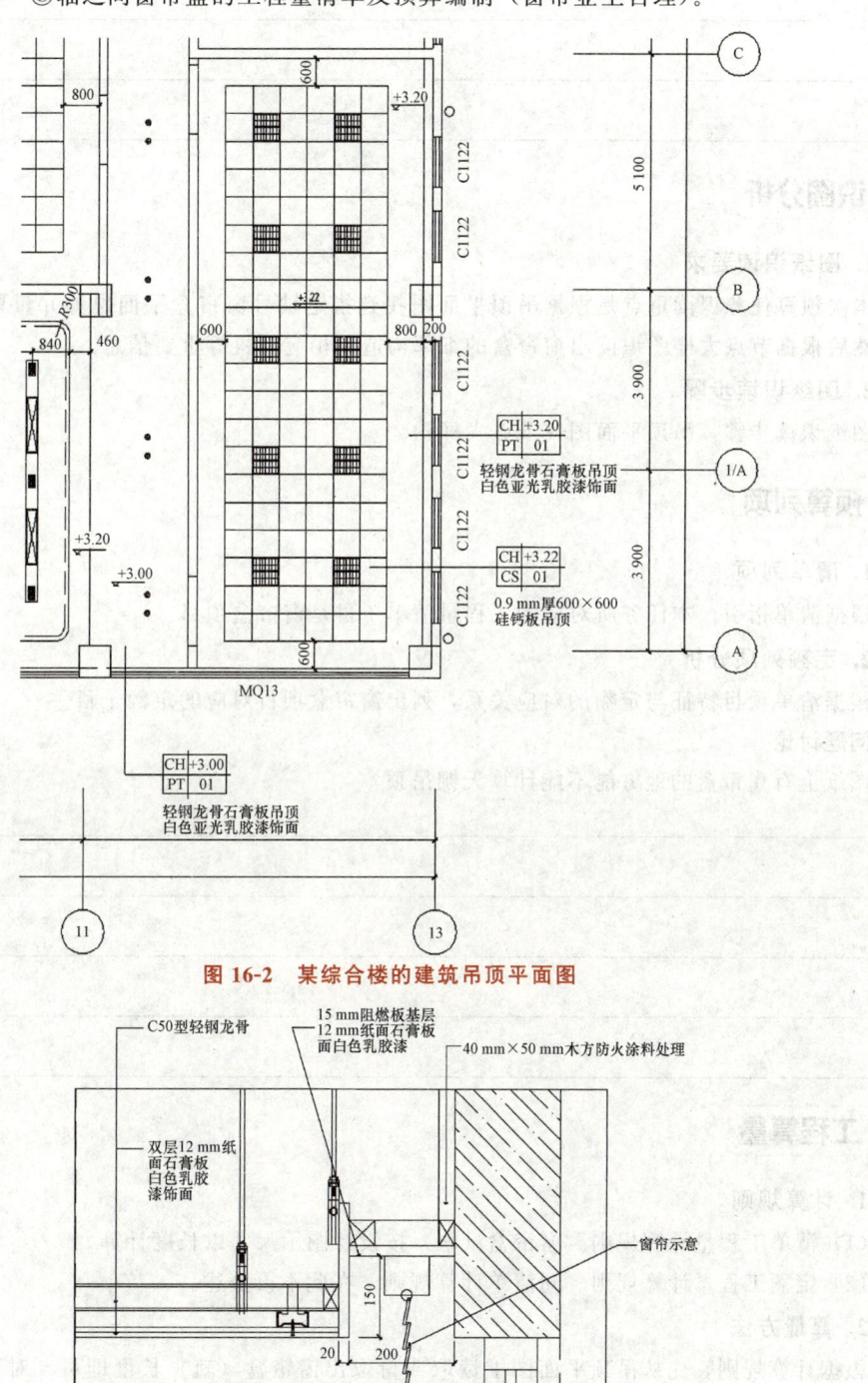

图16-3 吊顶窗帘盒做法

任务引导

请在教师的指导下根据所给图纸分析该窗帘盒材质。

_____

_____

_____

_____

◎ 识图分析

1. 图纸识读要求

本次预算任务识读重点是根据吊顶平面图找到指定轴号窗帘盒平面位置并量取出窗帘盒长度，然后根据节点大样图识读出窗帘盒的细部构造及相应材料等重要信息。

2. 图纸识读步骤

图纸识读步骤：吊顶平面图→节点大样图。

◎ 预算列项

1. 清单列项

根据清单指引，本任务所对应的工程量清单子目是窗帘盒项目。

2. 定额列项分析

根据清单项目特征与定额的对应关系，列出窗帘盒项目对应的定额子目。

问题讨论

图纸上有窗帘盒的地方能不能计算天棚吊顶？

_____

_____

_____

_____

◎ 工程算量

1. 计算规则

（1）清单工程量计算规则。窗帘盒（轨）按设计图示尺寸以长度计算。

（2）定额工程量计算规则。同清单计算规则，在此不再赘述。

2. 算量方法

根据计算规则，先从吊顶平面图上读取或量取出窗帘盒（轨）长度即可。对于电动智能窗帘轨，需要计算感应装置及电动装置。

3. 算量过程

现以上述窗帘盒为例进行工程量计算，具体见表16-2。

表16-2 工程计量单

楼层	轴号、房间名	项目名称或材料名称	单位	计算公式	工程量
3	办公室	窗帘盒长度	m	12.7−0.7	12
		窗帘盒12 mm厚石膏板板面积	m²	(12.7−0.7)×(0.18+0.2)	4.56
		乳胶漆面积	m²	(12.7−0.7)×(0.18+0.2)	4.56

4. 工程量清单编制

工程量清单编制的难点在于准确、完整填写项目特征，项目特征须参照清单指引结合图纸设计完整填写（表16-3）。

表16-3 清单与计价表

序号	项目编码	项目名称	项目特征描述	计量单位	工程量	综合单价	合价	暂估价
		分部分项工程费						
1	010810002001	木窗帘盒	1. 15 mm阻燃板基层 2. 12 mm纸面石膏板 3. 两遍白色乳胶漆（做法详见图纸）	m	12			

问题讨论

请在教师的指导下讨论窗帘工程量应怎样计算。

_____

_____

_____

_____

_____

_____

_____

工程计价

1. 定额套用

参照《江西预算定额》，以窗帘盒项目为例，定额套用详见表16-4，具体套用定额方法请扫描右侧二维码。

表 16-4 定额套用表

序号	定额编号	项目名称	单位	工程量	单价/元 单价	单价/元 工资	总价/元 总价	总价/元 工资
1	8—101	窗帘盒（不带轨）制作安装 木龙骨胶合板	10 m	1.200	380.60	162.05	456.72	194.46
2	13—81	吊顶天棚 石膏板天棚基层	100 m²	0.046	2 068.07	670.66	95.13	30.85
3	14—200	乳胶漆 室内 天棚面二遍	100 m²	0.046	2 521.37	984.96	115.98	45.31

问题讨论

请在教师的指导下讨论智能窗帘感应装置与电动装置工程量应如何计算。

2. 定额费用合计

在第 3 步定额套价基础上，汇总出装饰工程定额费用（表 16-5）。

表 16-5 定额取费表

序号	定额编号	项目名称	定额费小计/元 总价	定额费小计/元 工资	专业归属	备注
1	8—101	窗帘盒（不带轨）制作安装 木龙骨胶合板	456.72	194.46	装饰	定额费用数据来源为表 16-4
2	13—81	吊顶天棚 石膏板天棚基层	95.13	30.85	装饰	定额费用数据来源为表 16-4
3	14—200	乳胶漆 室内 天棚面 两遍	115.98	45.31	装饰	定额费用数据来源为表 16-4
4	装饰专业定额费小计（1+2+3）		667.83	270.62	装饰	定额费用数据来源为表 16-4

问题讨论

请在教师的指导下讨论窗帘盒基层板、面板材质、规格对窗帘盒预算的影响。

3. 综合单价计算

根据《江西费用定额》，在分专业定额费用基础上计取企业管理费和利润，并汇总出装饰费用合计，再根据清单工程量，计算出清单综合单价（表 16-6）。

表 16-6　清单综合单价计算表

序号	定额编号	项目名称	单位	费用/元 定额费用	其中：人工费
一		装饰定额费用	元	1 098.65	163.14
二		企业管理费	人工费×(10.05%＋0.83%)	元	17.75
三		利润	人工费×7.41%	元	12.09
四		装饰总费用	一＋二＋三	元	1 128.49
五		清单工程量		m²	7.00
六		综合单价	四÷五	元/m²	161.21

问题讨论

请在教师的指导下讨论窗帘应如何定价。

_____

_____

_____

_____

任务检查

在完成上述预算任务后，需要针对施工图识读、工程量计算、清单编制、定额套用及综合取费进行检查，并根据检查情况填写自查表（表 16-7）。

表 16-7　自查表

序号	检查项目	检查内容	检查结果（无误填"√"，有误填"×"并加以整改）
1	施工图识读	主要检查构造做法、材质规格及预算范围等方面	
2	工程量计算	检查主要包括计算单位、计算方法和计算结果等方面	
3	清单编制	检查主要包括清单编码、项目名称、项目特征、计量单位和工程量填写等方面	
4	定额套用	检查主要包括定额选用、定额换算、材质规格、定额工程量是否对应项目特征（或图纸说明）、工程量等方面	
5	综合取费	检查主要包括定额费用项目是否有遗漏、计算程序和计算费率是否符合《江西费用定额》的规定、计算结果是否有错误三个方面	

🎯 任务评价

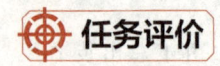

在完成各项预算任务后，需要根据完成的准确性、时效性、完整性和规范性进行自我评价、小组评价和教师评价，并填写评价表（表16-8）。

表 16-8　评价表

序号	评价内容		自我评价	小组评价	教师评价
1	预算准确性（50分）	如发现以下几类错误扣分（各类问题每发现1处扣5分，扣完为止）：(1) 工程量计算规则的选用错误；(2) 工程量计算错误；(3) 错套定额；(4) 未按照有关规定取费；(5) 总造价汇总错误；(6) 项目特征描述错误；(7) 其他错误			
2	预算及时性（20分）	在规定时间内完成得满分（20分），未按期完成工作任务的每延期2 min扣1分			
3	预算完整性（20分）	预算成果应包括工程计量单、清单与计价表、定额套用表、定额取费表、清单综合单价计算表（是否符合基本建设程序、是否超出项目概算、合同价及超出的原因等）、审核定案表，每遗漏一张表扣4分，直至扣完为止			
4	预算规范性（10分）	预算报告要求格式规范，具体包括计算单位、定编编号、清单编码、计量单位、小数点取舍等都须严格按规范要求。发现不规范的每一处扣2分，扣完为止			
5	预算评价分	1~4项合计（满分100分）			

🎯 素养提升

窗帘已成为室内环境景观设计的重要元素，也成为人们对美好生活追求的组成部分。只要有助于提升生活质量和环境的方面，工程技术人员都应该努力而为之。

课外作业

请参照本案例窗帘盒的计价方法，尝试完成其他类型窗帘盒（轨）的计量和计价。

🎯 以赛促学

相关赛题参见全国职业院校技能大赛官网（http：//www.nvsc.com.cn/sqbz-mj/）。

任务十七　油漆、涂料、裱糊

✦ 知识目标

(1) 了解油漆、涂料、裱糊的类型。
(2) 了解油漆、涂料、裱糊的做法、遍数。
(3) 掌握油漆、涂料、裱糊工程量计算规则。

✦ 能力目标

(1) 能够掌握油漆、涂料、裱糊遍数与预算的关联性。
(2) 能够掌握油漆、涂料、裱糊计量、计价及取费方法。

✦ 素质目标

(1) 从生漆、熟桐油故事讲述，培养学生的创新精神和环保意识。
(2) 通过欣赏中国油画、墙绘壁画，增强学生的民族自尊心。
(3) 从油漆质量通病分析，培养学生的质量意识。

✦ 教与学

知识准备

油漆、涂料根据所依附构件不同，可分为门、窗、木材面、金属面和抹灰面涂料油漆。裱糊根据所依附构件不同，可分为墙面和天棚面裱糊。另外，油漆、涂料、裱糊还可以根据所用材料分为不同类型。

油漆、涂料、裱糊的做法、遍数直接关系预算价格。当设计与定额取定的喷、涂、刷遍数不同时，可根据实际进行调整。

问题讨论

请在课前复习以前所学建筑施工技术课程，分析油漆、涂料、裱糊的做法。

素质引申

我国使用油漆历史源远流长，勤劳智慧的中国人民在长期生活生产实践中，发明或发现了许多纯天然且经久耐用的油漆品种，如生漆、桐油。这些发明发现成果在全世界范围都得到了广泛的运用。对此，你有何感想？

◎ 标准规范

1. 油漆、涂料、裱糊清单计价指引

（1）门油漆工程量清单项目的设置、项目特征描述的内容、计量单位及工程量计算规则应按表 17-1 的规定执行。

表 17-1 门油漆（编号：011401）

项目编码	项目名称	项目特征	计量单位	工程量计算规则	工作内容
011401001	木门油漆	1. 门类型 2. 门代号及洞口尺寸 3. 腻子种类 4. 刮腻子遍数 5. 防护材料种类 6. 油漆品种、刷漆遍数	1. 樘 2. m²	1. 以樘计量，按设计图示数量计量 2. 以平方米计量，按设计图示洞口尺寸以面积计算	1. 基层清理 2. 刮腻子 3. 刷防护材料、油漆
011401002	金属门油漆				1. 除锈、基层清理 2. 刮腻子 3. 刷防护材料、油漆

注：①木门油漆应区分木大门、单层木门、双层（一玻一纱）木门、双层（单裁口）木门、全玻自由门、半玻自由门、装饰门及有框门或无框门等项目，分别编码列项。
②金属门油漆应区分平开门、推拉门、钢制防火门列项。
③以平方米计量，项目特征可不必描述洞口尺寸

（2）窗油漆工程量清单项目设置、项目特征描述的内容、计量单位及工程量计算规则应按表 17-2 的规定执行。

表 17-2 窗油漆（编号：011402）

项目编码	项目名称	项目特征	计量单位	工程量计算规则	工作内容
011402001	木窗油漆	1. 窗类型 2. 窗代号及洞口尺寸 3. 腻子种类 4. 刮腻子遍数 5. 防护材料种类 6. 油漆品种、刷漆遍数	1. 樘 2. m²	1. 以樘计量，按设计图示数量计量 2. 以平方米计量，按设计图示洞口尺寸以面积计算	1. 基层清理 2. 刮腻子 3. 刷防护材料、油漆
011402002	金属窗油漆				1. 除锈、基层清理 2. 刮腻子 3. 刷防护材料、油漆

注：①木窗油漆应区分单层木窗、双层（一玻一纱）木窗、双层框扇（单裁口）木窗、双层框三层（二玻一纱）木窗、单层组合窗、双层组合窗、木百叶窗、木推拉窗等项目，分别编码列项。
②金属窗油漆应区分平开窗、推拉窗、固定窗、组合窗、金属隔栅窗，分别列项。
③以平方米计量，项目特征可不必描述洞口尺寸

(3) 木扶手及其他板条、线条油漆工程量清单项目设置、项目特征描述的内容、计量单位及工程量计算规则应按表17-3的规定执行。

表17-3 木扶手及其他板条、线条油漆（编号：011403）

项目编码	项目名称	项目特征	计量单位	工程量计算规则	工作内容
011403001	木扶手油漆	1. 断面尺寸 2. 腻子种类 3. 刮腻子遍数 4. 防护材料种类 5. 油漆品种、刷漆遍数	m	按设计图示尺寸以长度计算	1. 基层清理 2. 刮腻子 3. 刷防护材料、油漆
011403002	窗帘盒油漆				
011403003	封檐板、顺水板油漆				
011403004	挂衣板、黑板框油漆				
011403005	挂镜线、窗帘棍、单独木线油漆				

注：木扶手应区分带托板与不带托板，分别编码列项，若是木栏杆代扶手，木扶手不应单独列项，应包含在木栏杆油漆中。

(4) 木材面油漆工程量清单项目设置、项目特征描述的内容、计量单位及工程量计算规则应按表17-4的规定执行。

表17-4 木材面油漆（编号：011404）

项目编码	项目名称	项目特征	计量单位	工程量计算规则	工作内容
011404001	木护墙、木墙裙油漆	1. 刮腻子遍数 2. 防护材料种类 3. 油漆品种、刷漆遍数	m^2	按设计图示尺寸以面积计算	1. 基层清理 2. 刮腻子 3. 刷防护材料、油漆
011404002	窗台板、筒子板、盖板、门窗套、踢脚线油漆				
011404003	清水板条天棚、檐口油漆				
011404004	木方格吊顶天棚油漆				
011404005	吸声板墙面、天棚面油漆				
011404006	暖气罩油漆				
011404007	其他木材面				
011404008	木间壁、木隔断油漆			按设计图示尺寸以单面外围面积计算	
011404009	玻璃间壁露明墙筋油漆				
011404010	木栅栏、木栏杆（带扶手）油漆				
011404011	衣柜、壁柜油漆			按设计图示尺寸以油漆部分展开面积计算	
011404012	梁柱饰面油漆				
011404013	零星木装修油漆				
011404014	木地板油漆			按设计图示尺寸以面积计算。空洞、空圈、暖气包槽、壁龛的开口部分并入相应的工程量内	
011404015	木地板烫硬蜡面	1. 硬蜡品种 2. 面层处理要求			1. 基层清理 2. 烫蜡

— 159 —

(5) 金属面油漆工程量清单项目设置、项目特征描述的内容、计量单位及工程量计算规则应按表 17-5 的规定执行。

表 17-5　金属面油漆（编号：011405）

项目编码	项目名称	项目特征	计量单位	工程量计算规则	工作内容
011405001	金属面油漆	1. 构件名称 2. 腻子种类 3. 刮腻子要求 4. 防护材料种类 5. 油漆品种、刷漆遍数	1. t 2. m²	1. 以吨计量，按设计图示尺寸以质量计算 2. 以平方米计量，按设计展开面积计算	1. 基层清理 2. 刮腻子 3. 刷防护材料、油漆

(6) 抹灰面油漆工程量清单项目设置、项目特征描述的内容、计量单位及工程量计算规则应按表 17-6 的规定执行。

表 17-6　抹灰面油漆（编号：011406）

项目编码	项目名称	项目特征	计量单位	工程量计算规则	工作内容
011406001	抹灰面油漆	1. 基层类型 2. 腻子种类 3. 刮腻子遍数 4. 防护材料种类 5. 油漆品种、刷漆遍数 6. 部位	m²	按设计图示尺寸以面积计算	1. 基层清理 2. 刮腻子 3. 刷防护材料、油漆
011406002	抹灰线条油漆	1. 线条宽度、道数 2. 腻子种类 3. 刮腻子遍数 4. 防护材料种类 5. 油漆品种、刷漆遍数	m	按设计图示尺寸以长度计算	
011406003	满刮腻子	1. 基层类型 2. 腻子种类 3. 刮腻子遍数	m²	按设计图示尺寸以面积计算	1. 基层清理 2. 刮腻子

(7) 喷刷涂料工程量清单项目设置、项目特征描述的内容、计量单位及工程量计算规则应按表 17-7 的规定执行。

表 17-7　喷刷涂料（编号：011407）

项目编码	项目名称	项目特征	计量单位	工程量计算规则	工作内容
011407001	墙面喷刷涂料	1. 基层类型 2. 喷刷涂料部位 3. 腻子种类 4. 刮腻子要求 5. 涂料品种、喷刷遍数	m²	按设计图示尺寸以面积计算	1. 基层清理 2. 刮腻子 3. 刷、喷涂料
011407002	天棚喷刷涂料				

续表

项目编码	项目名称	项目特征	计量单位	工程量计算规则	工作内容
011407003	空花格、栏杆刷涂料	1. 腻子种类 2. 刮腻子遍数 3. 涂料品种、喷刷遍数	m²	按设计图示尺寸以单面外围面积计算	1. 基层清理 2. 刮腻子 3. 刷、喷涂料
011407004	线条刷涂料	1. 基层清理 2. 线条宽度 3. 刮腻子遍数 4. 刷防护材料、油漆	m	按设计图示尺寸以长度计算	
011407005	金属构件刷防火涂料	1. 喷刷防火涂料构件名称 2. 防火等级要求 3. 涂料品种、喷刷遍数	1. t 2. m²	1. 以吨计量，按设计图示尺寸以质量计算 2. 以平方米计量，按设计展开面积计算	1. 基层清理 2. 刷防护材料、油漆
011407006	木材构件喷刷防火涂料		m²	以平方米计量，按设计图示尺寸以面积计算	1. 基层清理 2. 刷防火材料

注：喷刷墙面涂料部位要注明内墙或外墙

（8）裱糊工程量清单项目设置、项目特征描述的内容、计量单位及工程量计算规则应按表 17-8 的规定执行。

表 17-8　裱糊（编号：011408）

项目编码	项目名称	项目特征	计量单位	工程量计算规则	工作内容
011408001	墙纸裱糊	1. 基层类型 2. 裱糊部位 3. 腻子种类 4. 刮腻子遍数 5. 粘结材料种类 6. 防护材料种类 7. 面层材料品种、规格、颜色	m²	按设计图示尺寸以面积计算	1. 基层清理 2. 刮腻子 3. 面层铺粘 4. 刷防护材料
011408002	织锦缎裱糊				

2. 油漆、涂料、裱糊预算定额指引（节选）

油漆、涂料、裱糊预算定额指引（节选）如图 17-1 所示。

[14-1] 单层木门 刷底油 调和漆二遍/100m2/1887.23
[14-2] 单层木门 润油粉、满刮腻子 调和漆二遍/100m2/2655.02
[14-3] 单层木门 每增加一遍调和漆/100m2/597.54
[14-4] 单层木门 刷底油、调和漆二遍 磁漆一遍/100m2/2759.30
[14-5] 单层木门 润油粉、满刮腻子、调和漆一遍 磁漆二遍/100m2/3952.48
[14-6] 单层木门 每增加一遍磁漆/100m2/1018.91
[14-7] 单层木门 润水粉、满刮腻子、硝基清漆五遍、磨退出亮/100m2/6117
[14-8] 单层木门 每增加刷理漆片一遍/100m2/639.91
[14-9] 单层木门 每增加硝基清漆一遍/100m2/959.30
[14-10] 单层木门 刷底油、油色 清漆二遍/100m2/1924.40
[14-11] 单层木门 润油粉、满刮腻子、油色 清漆二遍/100m2/2728.84
[14-12] 单层木门 每增加一遍清漆/100m2/396.15
[14-13] 单层木门 满刮腻子、底漆二遍、聚酯清漆二遍/100m2/3091.99
[14-14] 单层木门 每增加一遍聚酯清漆/100m2/569.17
[14-15] 单层木门 满刮腻子、底漆二遍、聚酯色漆二遍/100m2/3373.10
[14-16] 单层木门 每增加一遍聚酯色漆/100m2/696.53
[14-17] 单层木门 过氯乙烯漆 五遍成活/100m2/7617.38
[14-18] 单层木门 过氯乙烯漆 每增加一遍 底漆/100m2/1302.65
[14-19] 单层木门 过氯乙烯漆 每增加一遍 磁漆/100m2/1265.30
[14-20] 单层木门 过氯乙烯漆 每增加一遍 清漆/100m2/1638.09
[14-21] 单层木门 梨纹漆/100m2/8830.00
[14-22] 单层木门 底油一遍、熟桐油一遍/100m2/1361.53
[14-23] 单层木门 熟桐油、底油、生漆二遍/100m2/8812.09
[14-24] 单层木门 油漆面抛光打蜡/100m2/508.55

[14-132] 木地板面 底油一遍 调和漆三遍/100m2/901.79
[14-133] 木地板面 底油一遍 油色、清漆三遍/100m2/958.85
[14-134] 木地板面 润油粉一遍、漆片四遍、擦蜡/100m2/943.36

[14-135] 金属面 改性沥青漆 三遍/100m2/1361.93
[14-136] 金属面 改性沥青漆 每增一遍/100m2/442.66
[14-137] 金属面 冷固环氧树脂漆 底漆 二遍/100m2/2283.22
[14-138] 金属面 冷固环氧树脂漆 底漆 每增一遍/100m2/1195.55
[14-139] 金属面 冷固环氧树脂漆 面漆 二遍/100m2/2115.26
[14-140] 金属面 冷固环氧树脂漆 面漆 每增一遍/100m2/1084.18
[14-141] 金属面 环氧呋喃树脂漆 底漆 二遍/100m2/2161.15
[14-142] 金属面 环氧呋喃树脂漆 底漆 每增一遍/100m2/1130.58
[14-143] 金属面 环氧呋喃树脂漆 面漆 二遍/100m2/2025.76
[14-144] 金属面 环氧呋喃树脂漆 面漆 每增一遍/100m2/1039.05
[14-145] 金属面 氯磺化聚乙烯漆 底漆 一遍/100m2/1845.49
[14-146] 金属面 氯磺化聚乙烯漆 中间漆 一遍/100m2/1738.74
[14-147] 金属面 氯磺化聚乙烯漆 中间漆 每增一遍/100m2/1666.56
[14-148] 金属面 氯磺化聚乙烯漆 面漆 一遍/100m2/1624.90
[14-149] 金属面 聚氨酯漆 底漆 二遍/100m2/2306.74
[14-150] 金属面 聚氨酯漆 底漆 每增一遍/100m2/1177.35
[14-151] 金属面 聚氨酯漆 中间漆 一遍/100m2/620.63
[14-152] 金属面 聚氨酯漆 面漆 二遍/100m2/1390.18
[14-153] 金属面 聚氨酯漆 面漆 每增一遍/100m2/691.01
[14-154] 金属面 氯化橡胶漆 底漆 一遍/100m2/2040.85
[14-155] 金属面 氯化橡胶漆 中间漆 一遍/100m2/1449.92
[14-156] 金属面 氯化橡胶漆 中间漆 每增一遍/100m2/1425.36
[14-157] 金属面 氯化橡胶漆 面漆 一遍/100m2/1565.84
[14-158] 金属面 耐高温防腐漆 面漆 二遍/100m2/3714.22
[14-159] 金属面 耐高温防腐漆 面漆 每增一遍/100m2/1600.96
[14-160] 金属面 酚醛树脂漆 底漆 一遍/100m2/875.95
[14-161] 金属面 酚醛树脂漆 中间漆 一遍/100m2/823.38

图 17-1 油漆、涂料、裱糊预算定额指引（节选）

[14-189] 墙面 满刮腻子、底油一遍、调和漆二遍/100m2/894.07
　[14-190] 墙面 每增加一遍调和漆/100m2/196.87
　[14-191] 真石漆 墙面/100m2/6151.74
　[14-192] 氟碳漆 墙面/100m2/5294.45
　[14-193] 裂纹漆 墙面/100m2/4851.86
　[14-194] 过氯乙烯漆 墙面 五遍成活/100m2/2757.01
　[14-195] 过氯乙烯漆 墙面 每增一遍 底漆/100m2/461.24
　[14-196] 过氯乙烯漆 墙面 每增一遍 磁漆/100m2/450.29
　[14-197] 过氯乙烯漆 墙面 每增一遍 清漆/100m2/605.99
　[14-198] 乳胶漆 室外 墙面 二遍/100m2/2269.08
　[14-199] 乳胶漆 室内 墙面 二遍/100m2/1928.76
　[14-200] 乳胶漆 室内 天棚面 二遍/100m2/2125.75
　[14-201] 乳胶漆 每增一遍/100m2/321.97
　[14-202] 乳胶漆 室内拉毛面 二遍/100m2/2548.74
　[14-203] 乳胶漆 石膏饰物 二遍/100m2/3849.56
　[14-204] 乳胶漆 混凝土花格窗、栏杆、花饰 二遍/100m2/2031.05
　[14-205] 乳胶漆 墙腰线、檐口线、门窗套、窗台板等 二遍/100m2/1083.20
　[14-209] KCM耐磨漆 地面 三遍/100m2/1344.47
　[14-210] KCM耐磨漆 地面 每增减一遍/100m2/158.40
　[14-211] KCM耐磨漆 踢脚线 三遍/100m/234.49
　[14-212] KCM耐磨漆 踢脚线 每增减一遍/100m/86.35

[14-213] 内墙涂料 墙面 二遍/100m2/939.73
　[14-214] 内墙涂料 墙面 每增一遍/100m2/182.21
　[14-217] 仿瓷涂料 墙面 三遍/100m2/1583.80
　[14-219] 仿瓷涂料 每增一遍/100m2/331.28
　[14-220] 凹凸型涂料 墙面/100m2/7247.40
　[14-221] 多彩涂料 墙面/100m2/2884.65
　[14-222] 外墙丙烯酸酯涂料 墙面 二遍/100m2/2018.01
　[14-223] 外墙丙烯酸酯涂料 墙面 每增一遍/100m2/712.36
　[14-225] 石灰油浆 墙面 二遍/100m2/183.47
　[14-228] 白水泥 墙面 二遍/100m2/189.84
　[14-231] 石灰浆 墙面 三遍/100m2/299.24
　[14-233] 石灰大白浆 墙面 三遍/100m2/323.55
　[14-235] 普通水泥浆 墙面 三遍/100m2/164.39
　[14-237] 可赛银浆 墙面 三遍/100m2/420.20
　[14-239] 大白浆 墙面 三遍/100m2/369.69
　[14-241] 胶砂喷涂 墙面/100m2/12764.60
　[14-242] 彩砂喷涂 墙面/100m2/12363.31
　[14-243] 一塑三油 墙面 大压花/100m2/2686.42
　[14-244] 一塑三油 墙面 中压花喷大点/100m2/2352.81
　[14-245] 一塑三油 墙面 喷中点、细点/100m2/2150.60
　[14-246] 一塑三油 墙面 平面/100m2/1283.00
　[14-247] 仿木纹涂饰 墙面/100m2/1965.19
　[14-248] 仿石纹涂饰 墙面/100m2/1385.72
　[14-249] 刮腻子 墙面 满刮二遍/100m2/772.43
　[14-250] 刮腻子 天棚面 满刮二遍/100m2/921.13
　[14-251] 刮腻子 每增减一遍/100m2/332.46
　[14-252] 抗碱封底涂料 墙面/100m2/683.40
　[14-253] 抗碱封底涂料 天棚面/100m2/733.80

[14-257] 墙面 普通壁纸 对花/100m2/4055.09
　[14-258] 墙面 普通壁纸 不对花/100m2/3709.28
　[14-259] 墙面 金属壁纸/100m2/5506.11
　[14-260] 天棚面 普通壁纸 对花/100m2/4432.46
　[14-261] 天棚面 普通壁纸 不对花/100m2/3996.51
　[14-262] 天棚面 金属壁纸/100m2/5972.67

图 17-1　油漆、涂料、裱糊预算定额指引（节选）（续）

现场认识

结合日常生活中的场所,你在哪些地方见到过油漆、涂料、裱糊?你知道它们是什么材质的吗?

_____

_____

_____

_____

任务描述

已知某幼儿园的钢结构设计说明、屋面结构平面布置图、截面表及节点大样图(图 17-2～图 17-5),现要求完成该幼儿园屋面钢梁油漆的清单及预算编制。

钢结构涂装:

1. 钢构件表面应进行除锈处理,除锈等级达到Sa2.5级,然后涂两道环氧富锌漆防锈,面层涂白色面漆。

2. 凡螺栓连接范围内,不允许涂刷油漆或有油污;构件在螺栓部位须在终拧后补涂漆,为使构件紧密地结合,贴面上严禁有电焊、气割污点,安装前将螺栓和螺母配套,并在螺母内涂抹少量矿物油。

图 17-2 某幼儿园的钢结构设计说明

屋面结构平面布置图

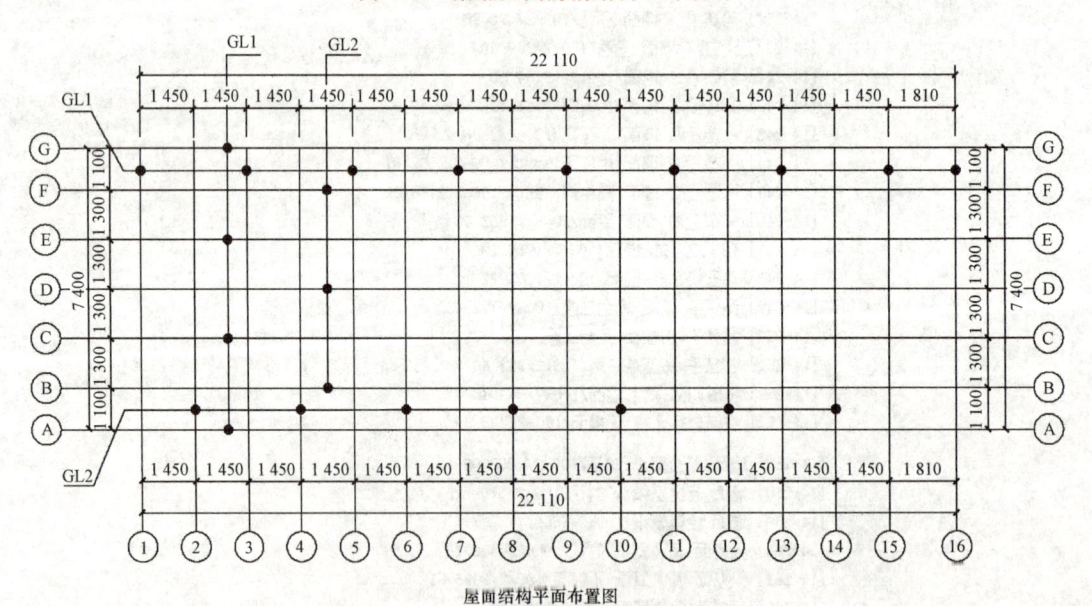

图 17-3 屋面结构平面布置图

截面表				
构件号	名称	截面	材质	备注
GZ	框架柱	箱200×200×8×8	Q235B	
HL	框架梁	箱150×250×6×6	Q235B	
GL1	框架梁	箱100×250×8×8	Q235B	
GL2	框架梁	箱100×200×6×6	Q235B	

图 17-4　截面表

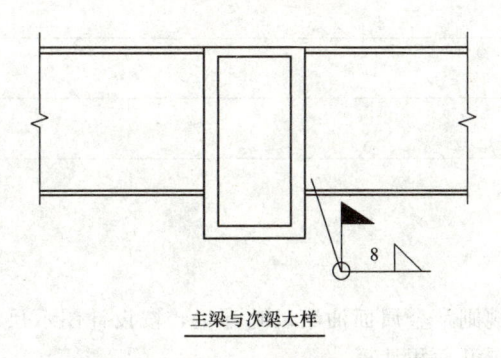

主梁与次梁大样

图 17-5　节点大样图

任务引导
请在教师的指导下根据所给图纸分析该油漆的类型。

_____

_____

_____

识图分析

1. 图纸识读要求

本次预算任务识读重点是根据钢结构设计说明，明确油漆材质和做法，并根据屋面钢结构平面图量取出每种钢梁长度，结合钢梁截面表计算出其油漆面积。

2. 图纸识读步骤

图纸识读步骤：钢结构设计说明→钢结构平面图→截面表。

预算列项

1. 清单列项

根据清单指引，本任务所对应的工程量清单子目是金属面油漆项目。

2. 定额列项分析

根据清单项目特征与定额对应关系，列出金属面油漆项目对应的定额子目。

问题讨论

怎样计算图纸上每种钢梁的长度?

———————————————————————————————————————

工程算量

1. 计算规则

(1) 清单工程量计算规则。金属面油漆以吨计量,按设计图示尺寸以质量计算。金属面也可以平方米计量,按设计展开面积计算。

(2) 定额工程量计算规则。金属面油漆工程量按设计图示尺寸以展开面积计算。质量在 500 kg 以内的单个金属构件,可参考金属面油漆中相应的系数,将质量(t)折算为面积。

2. 算量方法

根据计算规则,先从钢结构平面图上读取或量取出钢梁长度,再结合截面表确定表面宽度,然后用该长度乘以表面宽度即可计算其表面面积。

3. 算量过程

现以上述钢梁面油漆为例进行工程量计算,具体见表17-9。

表 17-9 工程计量单

楼层	轴号、房间名	项目名称或材料名称	单位	计算公式	工程量
3	屋面	两道环氧富锌漆防锈	m²	(0.1+0.25)×2×7.4×9+(0.1+0.25)×2×(22.11−0.1×8)×4+(0.1+0.2)×2×(7.4−0.1×6)×7+(0.1+0.2)×2×(22.11−0.1×15)×3	171.946
		面层涂白色氟碳面漆	m²	(0.1+0.25)×2×7.4×9+(0.1+0.25)×2×(22.11−0.1×8)×4+(0.1+0.2)×2×(7.4−0.1×6)×7+(0.1+0.2)×2×(22.11−0.1×15)×3	171.946

4. 工程量清单编制

清单编制的难点在于准确完整填写项目特征，项目特征须参照清单指引结合图纸设计完整填写（表17-10）。

表 17-10 清单与计价表

序号	项目编码	项目名称	项目特征描述	计量单位	工程量	综合单价	合价	其中暂估价
		分部分项工程费						
1	011405001001	金属面油漆	1. 两道环氧富锌漆防锈 2. 面层涂白色氟碳面漆	m²	171.946			

问题讨论

请在教师的指导下讨论钢梁长度怎样计算。

工程计价

1. 定额套用

参照《江西预算定额》，以钢梁面油漆项目为例，定额套用详见表17-11，具体套用定额方法请扫描右侧二维码。

表 17-11 定额套用表

序号	定额编号	项目名称	单位	工程量	单价/元 单价	单价/元 工资	总价/元 总价	总价/元 工资
1	14-177	金属面 氟碳漆	100 m²	1.719	5 067.61	2 384.64	8 711.22	4 099.20
2	14-178 换	金属面环氧富锌防锈漆一遍 刷两遍防锈漆	100 m²	1.719	919.54	279.46	1 580.69	480.39

问题讨论

请在教师的指导下讨论钢梁截面宽度应如何计算。

2. 定额费用合计

在第 3 步定额套价基础上，汇总出装饰工程定额费用（表 17-12）。

表 17-12　定额取费表

序号	定额编号	项目名称	定额费小计/元 总价	定额费小计/元 工资	专业归属	备注
1	14—177	金属面 氟碳漆	8 711.22	4 099.20	装饰	定额费用数据来源为表 17-11
2	14—178 换	金属面环氧富锌防锈漆一遍 刷两遍防锈漆	1 580.69	480.39		
3		装饰专业定额费小计（1+2）	10 291.91	4 579.59		

问题讨论

请在教师的指导下讨论油漆遍数换算方法。

3. 综合单价计算

根据《江西费用定额》，在分专业定额费用基础上计取企业管理费和利润，并汇总出装饰费用合计，再根据清单工程量计算出清单综合单价（表 17-13）。

表 17-13　清单综合单价计算表

序号	定额编号	项目名称	单位	费用/元 定额费用	其中：人工费
一		装饰定额费用	元	10 291.91	4 579.59
二		企业管理费	人工费×(10.05%+0.83%)	元	498.26
三		利润	人工费×7.41%	元	339.35
四		装饰总费用	一十二十三	元	11 129.52
五		清单工程量		m²	171.95
六		综合单价	四÷六	元/m²	64.73

问题讨论

请在教师的指导下讨论油漆品种、遍数对金属面预算的影响。

🎯 任务检查

在完成上述预算任务后,需要针对施工图识读、工程量计算、清单编制、定额套用及综合取费进行检查,并根据检查情况填写自查表(表17-14)。

表17-14 自查表

序号	检查项目	检查内容	检查结果(无误填"√",有误填"×"并加以整改)
1	施工图识读	主要检查构造做法、材质规格及预算范围等方面	
2	工程量计算	检查主要包括计算单位、计算方法和计算结果等方面	
3	清单编制	检查主要包括清单编码、项目名称、项目特征、计量单位和工程量填写等方面	
4	定额套用	检查主要包括定额选用、定额换算、材质规格、定额工程量是否对应项目特征(或图纸说明)、工程量等方面	
5	综合取费	检查主要包括定额费用项目是否有遗漏、计算程序和计算费率是否符合《江西费用定额》的规定、计算结果是否有错误三个方面	

🎯 任务评价

在完成各项预算任务后,需要根据完成的准确性、时效性、完整性和规范性进行自我评价、小组评价和教师评价,并填写评价表(表17-15)。

表17-15 评价表

序号	评价内容		自我评价	小组评价	教师评价
1	预算准确性(50分)	如发现以下几类错误扣分(各类问题每发现1处扣5分,扣完为止):(1)工程量计算规则的选用错误;(2)工程量计算错误;(3)错套定额;(4)未按照有关规定取费;(5)总造价汇总错误;(6)项目特征描述错误;(7)其他错误			
2	预算及时性(20分)	在规定时间内完成得满分(20分),未按期完成工作任务的每延期2 min扣1分			
3	预算完整性(20分)	预算成果应包括工程计量单、清单与计价表、定额套用表、定额取费、清单综合单价计算表(是否符合基本建设程序、是否超出项目概算、合同价及超出的原因等)、审核定案表,每遗漏一张表扣4分,直至扣完为止			
4	预算规范性(10分)	预算报告要求格式规范,具体包括计算单位、定额编号、清单编码、计量单位、小数点取舍等都须严格按规范要求。发现不规范的每一处扣2分,扣完为止			
5	预算评价分	1~4项合计(满分100分)			

素养提升

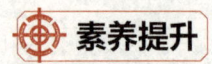

中国水墨画、敦煌壁画闻名世界,并成为中国传统文化的一张亮丽名片。因此,我们深入挖掘中国传统建筑文化和特色元素,设计或施工出更多有特色的风景点,为乡村振兴奉献更多的智慧和力量。

课外作业

请参照本案例油漆的计价方法,尝试完成其他类型油漆、涂料、裱糊的计量和计价。

以赛促学

相关赛题参见全国职业院校技能大赛官网(http://www.nvsc.com.cn/sqbz-mj/)。

任务十八　金属旗杆

知识目标

(1) 了解金属旗杆的类型。
(2) 了解金属旗杆的材质及规格。
(3) 掌握金属旗杆工程量计算规则。

能力目标

(1) 能够掌握金属旗杆构造做法与预算的关联性。
(2) 能够掌握金属旗杆计量、计价及取费方法。

素质目标

(1) 增强学生的家国情怀。
(2) 通过解读国旗法及国旗规格标准，培养学生的法律意识和标准意识。

教与学

知识准备

金属旗杆根据材质可分为铝合金和不锈钢两种；根据启动方式可分为手动和电动两种类型。电动旗杆一般可分为升降系统和风动系统。旗杆项目按常用做法考虑，未包括旗杆基础、旗杆台座及其饰面。因此，旗杆基础、旗杆台座及其饰面需根据土建和装饰相关项目另算。

根据《中华人民共和国国旗法》的规定，国旗、旗杆的尺度比例应当准确，并与使用目的、周围建筑、周边环境相适应。

问题讨论

请在课前学习《中华人民共和国国旗法》内容，了解国旗使用的相关知识及制作标准。

_____
_____
_____
_____

素质引申

中华人民共和国国旗是中华人民共和国的象征和标志。每个公民和组织都应当尊重与爱护国旗。大家能不能讲一个与国旗有关的故事？

_____
_____
_____
_____

标准规范

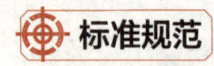

1. 金属旗杆清单计价指引

金属旗杆工程量清单项目的设置、项目特征描述的内容、计量单位及工程量计算规则应按表 18-1 的规定执行。

表 18-1　旗杆（编号：011506）

项目编码	项目名称	项目特征	计量单位	工程量计算规则	工作内容
011506002	金属旗杆	1. 旗杆材料、种类、规格 2. 旗杆高度 3. 基础材料种类 4. 基座材料种类 5. 基座面层材料、种类、规格	根	按设计图示数量计算	1. 土石挖、填、运 2. 基础混凝土浇筑 3. 旗杆制作、安装 4. 旗杆台座制作、饰面

2. 金属旗杆预算定额指引

金属旗杆预算定额指引如图 18-1 所示。

```
[15-138] 手动不锈钢旗杆  高度9m/根/3028.68
[15-139] 手动不锈钢旗杆  高度12m/根/3981.17
[15-140] 手动不锈钢旗杆  高度15m/根/4933.67
[15-141] 手动不锈钢旗杆  高度18m/根/6087.37
[15-142] 旗帜电动升降系统/套/2347.54
[15-143] 旗帜风动系统/套/1140.06
```

图 18-1　金属旗杆预算定额指引

现场认识

结合日常生活中的场所，你在哪些地方见到过旗杆？你知道它是什么材质吗？

任务描述

已知某广场入口的旗杆平面图、立面图、剖面图及节点大样图（图 18-2～图 18-5 及表 18-2），现要求完成该旗杆的清单及预算编制（旗杆基础、旗杆台座及其饰面不考虑）。

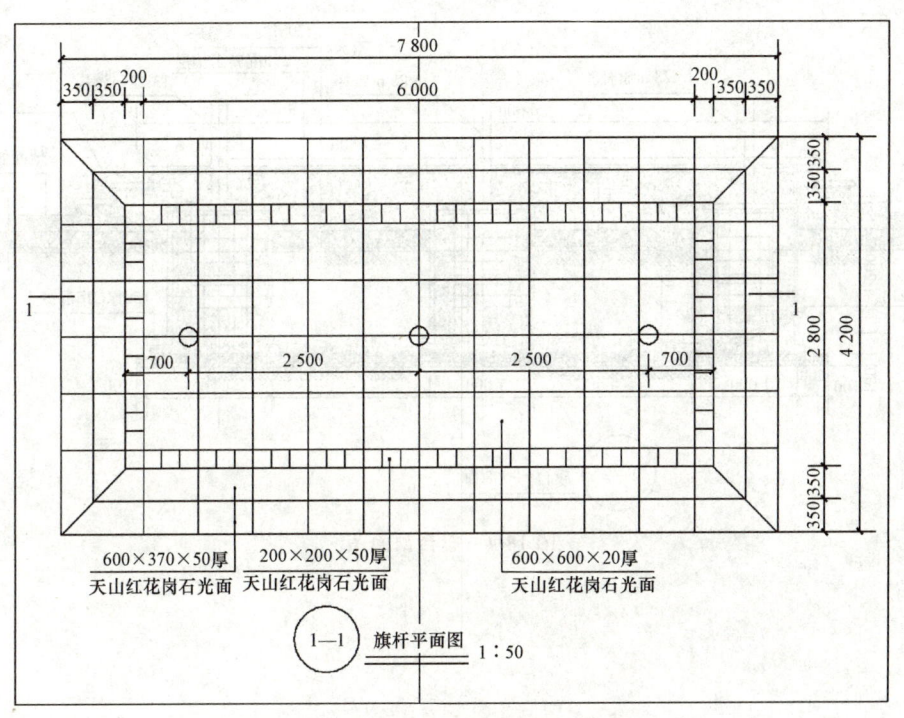

图 18-2 某广场入口的旗杆平面图

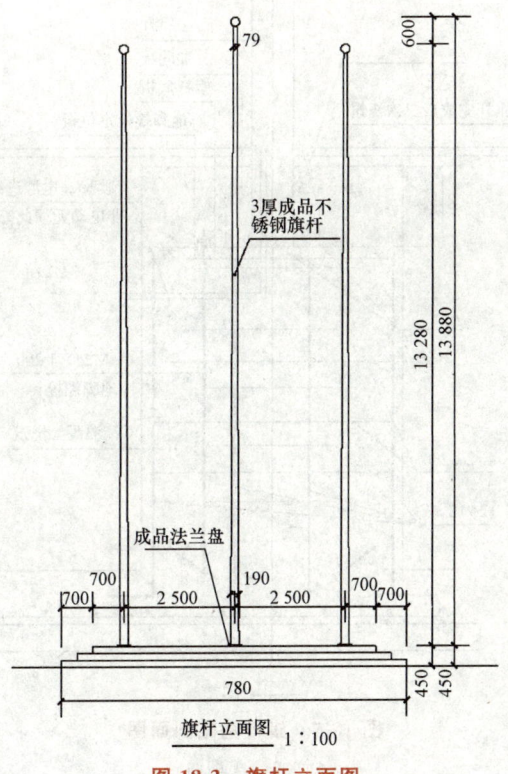

图 18-3 旗杆立面图

图 18-4　旗台剖面图

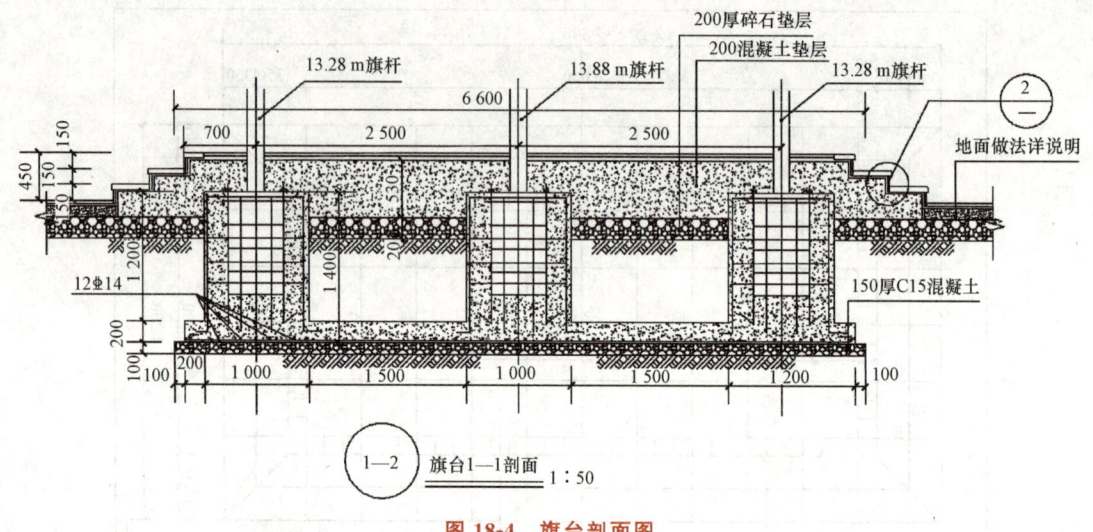

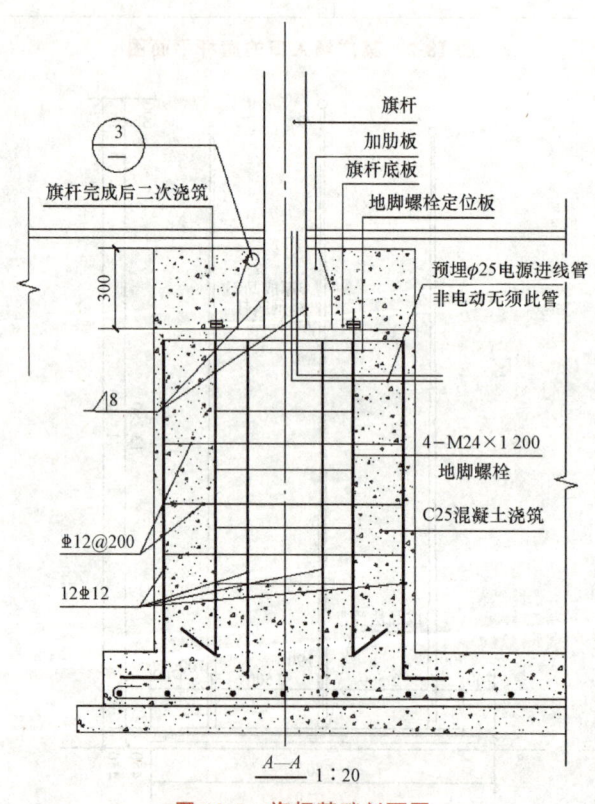

图 18-5　旗杆基础剖面图
(a) A—A 剖面

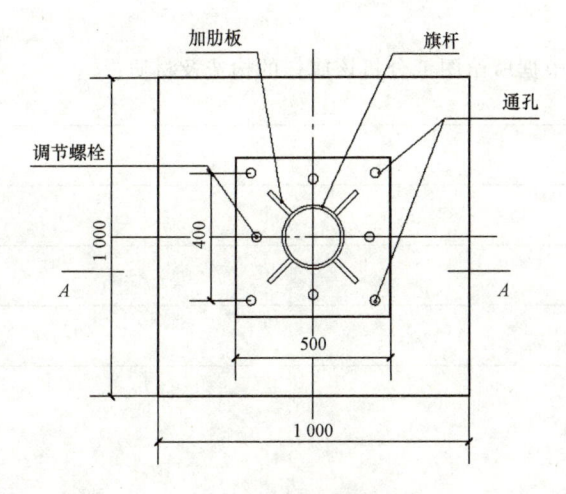

旗杆基础平面图 1:20
(b)

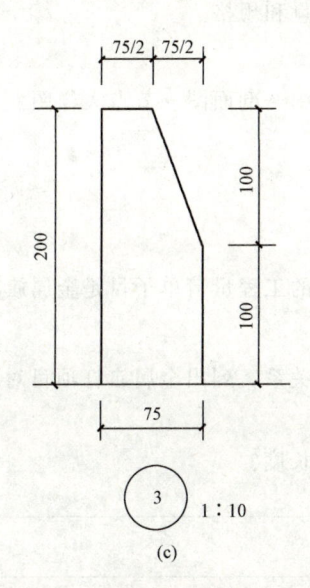

3 1:10
(c)

图 18-5 旗杆基础剖面图（续）
(b) 旗杆基础平面图；(c) 节点大样图

表 18-2 旗杆基础预参数表

旗杆高度 H/m	预埋基础 混凝土/mm	地脚螺栓 /mm	定位板厚度 /mm	旗杆底板尺寸 /mm	螺栓中心距 /mm
13＜H＜7	1 000×1 000×1 000	4－M24×1 200	4	500×500×20	400×400

通孔	调节螺栓	箍筋（均布）	加肋板 尺寸/mm	加肋板 数量/个
4－φ30	4－M16	Φ8@200	300×100×15	4

— 175 —

任务引导

请在教师的指导下根据所给图纸分析该旗杆的构造及材质。

_____

_____

_____

_____

识图分析

1. 图纸识读要求

本次预算任务识读重点是根据平面图、立面图确定旗杆的数量、规格和位置,再结合剖面图、节点大样图分析其预埋铁件数量和规格。

2. 图纸识读步骤

图纸识读步骤:平面图→立面图→剖面图→节点大样图。

预算列项

1. 清单列项

根据清单指引,本任务所对应的工程量清单子目是金属旗杆项目。

2. 定额列项分析

根据清单项目特征与定额对应关系,列出金属旗杆项目对应的定额子目。

问题讨论

在图纸上怎样确定金属旗杆的长度?

_____

_____

_____

_____

工程算量

1. 计算规则

(1) 清单工程量计算规则。金属旗杆按设计图示数量计算。

(2) 定额工程量计算规则。不锈钢旗杆设计图示数量计算。电动升降系统和风动系统按套数计算。

2. 算量方法

金属旗杆按设计图示数量计算。电动升降系统和风动系统按套数计算。

3. 算量过程

现以上述金属旗杆为例进行工程量计算，具体见表 18-3。

表 18-3　工程计量单

楼层	轴号、房间名	项目名称或材料名称	单位	计算公式	工程量
1	入口	手动不锈钢旗杆	根	3	3

4. 工程量清单编制

工程量清单编制的难点在于准确、完整填写项目特征，项目特征须参照清单指引结合图纸设计完整填写（表 18-4）。

表 18-4　清单与计价表

序号	项目编码	项目名称	项目特征描述	计量单位	工程量	综合单价	合价	其中 暂估价
		分部分项工程费						
1	011506002001	金属旗杆	3 mm 厚成品手动不锈钢旗杆高度 15 m 内基座以及饰面另计	根	3			

问题讨论

请在教师的指导下讨论手动旗杆与自动旗杆预算有什么区别。

_____

_____

工程计价

1. 定额套用

参照《江西预算定额》，以金属旗杆为例，定额套用详见表 18-5，具体套用定额方法请扫描右侧二维码。

表 18-5　定额套用表

序号	定额编号	项目名称	单位	工程量	单价/元 单价	单价/元 工资	总价/元 总价	总价/元 工资
1	15—140	手动不锈钢旗杆 高度 15 m	根	3.000	5 413.50	1 194.62	16 240.50	3 583.86

问题讨论

请在教师的指导下讨论旗杆的价格应怎么确定。

_____

_____

2. 定额费用合计

在第 3 步定额套价基础上，汇总出装饰工程定额费用（表 18-6）。

表 18-6　定额取费表

序号	定额编号	项目名称	定额费小计/元 总价	定额费小计/元 工资	专业归属	备注
1	15—140	手动不锈钢旗杆 高度 15 m	16 240.50	3 583.86	装饰	定额费用数据来源为表 18-5
2		装饰专业定额费小计（1）	16 240.50	3 583.86		

问题讨论

请在教师的指导下讨论不同材质规格的旗杆应怎样确定价格。

_____
_____
_____
_____

3. 综合单价计算

根据《江西费用定额》，在分专业定额费用基础上计取企业管理费和利润，并汇总出装饰费用合计，再根据清单工程量计算出清单综合单价（表 18-7）。

表 18-7　清单综合单价计算表

序号	定额编号	项目名称	单位	费用/元 定额费用	其中：人工费
一		装饰定额费用	元	16 240.50	3 583.86
二		企业管理费	人工费×(10.05%＋0.83%)	元	389.92
三		利润	人工费×7.41%	元	265.56
四		装饰总费用	一＋二＋三	元	16 895.98
五		清单工程量		m²	3.00
六		综合单价	四÷五	元/m²	5 631.99

问题讨论

请在教师的指导下讨论旗杆升降系统和风动系统应怎样计价。

_____
_____
_____
_____

任务检查

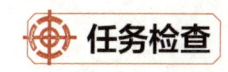

在完成上述预算任务后,需要针对施工图识读、工程量计算、清单编制、定额套用及综合取费进行检查,并根据检查情况填写自查表(表 18-8)。

表 18-8　自查表

序号	检查项目	检查内容	检查结果(无误填"√",有误填"×"并加以整改)
1	施工图识读	主要检查构造做法、材质规格及预算范围等方面	
2	工程量计算	检查主要包括计算单位、计算方法和计算结果等方面	
3	清单编制	检查主要包括清单编码、项目名称、项目特征、计量单位和工程量填写等方面	
4	定额套用	检查主要包括定额选用、定额换算、材质规格、定额工程量是否对应项目特征(或图纸说明)、工程量等方面	
5	综合取费	检查主要包括定额费用项目是否有遗漏、计算程序和计算费率是否符合《江西费用定额》的规定、计算结果是否有错误三个方面	

任务评价

在完成各项预算任务后,需要根据完成的准确性、时效性、完整性和规范性进行自我评价、小组评价和教师评价,并填写评价表(表 18-9)。

表 18-9　评价表

序号	评价内容		自我评价	小组评价	教师评价
1	预算准确性(50分)	如发现以下几类错误扣分(各类问题每发现1处扣5分,扣完为止):(1)工程量计算规则的选用错误;(2)工程量计算错误;(3)错套定额;(4)未按照有关规定取费;(5)总造价汇总错误;(6)项目特征描述错误;(7)其他错误			
2	预算及时性(20分)	在规定时间内完成得满分(20分),未按期完成工作任务的每延期 2 min 扣 1 分			
3	预算完整性(20分)	预算成果应包括工程计量单、清单与计价表、定额套用表、定额取费表、清单综合单价计算表(是否符合基本建设程序、是否超出项目概算、合同价及超出的原因等)、审核定案表,每遗漏一张表扣 4 分,直至扣完为止			
4	预算规范性(10分)	预算报告要求格式规范,具体包括计算单位、定额编号、清单编码、计量单位、小数点取舍等都须严格符合规范要求。发现不规范的,每一处扣2分,扣完为止			
5	预算评价分	1~4 项合计(满分100分)			

素养提升

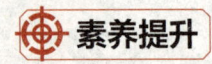

教师与大家介绍五星红旗的由来。听了五星红旗的历史后，大家有什么感悟？

课外作业

请参照本案例金属旗杆的计价方法，尝试完成基座及饰面的计量和计价。

以赛促学

相关赛题参见全国职业院校技能大赛官网（http://www.nvsc.com.cn/sqbz-mj/）。

任务十九　玻璃雨篷

知识目标
（1）了解玻璃雨篷的类型。
（2）了解玻璃雨篷的材质及规格。
（3）掌握玻璃雨篷工程量计算规则。

能力目标
（1）能够掌握玻璃雨篷材质规格与预算的关联性。
（2）能够掌握玻璃雨篷计量、计价及取费方法。

素质目标
（1）欣赏世界著名华人设计师贝聿铭设计的玻璃雨篷杰作，增强学生的审美鉴赏能力和家国情怀。
（2）通过多起玻璃雨篷事故，培养学生的安全意识。

教与学

知识准备

钢结构雨篷按面层材质不同可分为玻璃雨篷、铝塑板面层雨篷、不锈钢面层雨篷等；其中玻璃雨篷根据玻璃面层材质可分为钢化玻璃雨篷、夹胶玻璃雨篷、钢化夹胶玻璃雨篷三种。不同的材质玻璃雨篷有各自的优点及用途：钢化玻璃雨篷强度高、不易碎，即使破碎呈蜂窝状的小颗粒，碎片边际圆滑不易伤人；夹胶玻璃又称为夹层玻璃，由两层或多层玻璃和中心膜组成的，夹层玻璃破碎时，碎片会被黏在中心膜上，可防止玻璃碎片飞溅、掉落所造成二次损伤，因此，安全性能比钢化玻璃更高，造价也相对较高；钢化夹胶玻璃雨篷集钢化玻璃和夹胶玻璃的优点于一身，既有钢化玻璃的高抗击强度，也有夹胶玻璃的高安全度，因此，适用于安全要求高的场所，如高层钢结构玻璃雨篷、大跨度钢结构玻璃天篷等。

钢结构雨篷按支撑方式可分为点支式、托架式两种。根据定额说明，雨篷的型钢、爪件的规格、数量是按常用做法考虑的，当设计要求与定额不同时，材料消耗量可以调整，人工、机械不变。托架式雨篷的斜拉杆费用另计。

问题讨论

请在课前复习房屋建筑学课程，了解玻璃雨篷的相关构造知识及材料规格。

素质引申

先请大家欣赏世界著名华人设计师贝聿铭设计的玻璃雨篷杰作,在鉴赏大师杰作的同时感悟他爱国爱家的情怀。

_____

_____

_____

_____

⊕ 标准规范

1. 玻璃雨篷清单计价指引

玻璃雨篷工程量清单项目的设置、项目特征描述的内容、计量单位及工程量计算规则应按表 19-1 的规定执行。

表 19-1　雨篷、旗杆（编号：011506）

项目编码	项目名称	项目特征	计量单位	工程量计算规则	工作内容
011506003	玻璃雨篷	1. 玻璃雨篷固定方式 2. 龙骨材料种类、规格、中距 3. 玻璃材料种类、规格、品牌 4. 嵌缝材料种类 5. 防护材料种类	m²	按设计图示尺寸以水平投影面积计算	1. 龙骨基层安装 2. 面层安装 3. 刷防护材料、油漆

2. 玻璃雨篷预算定额指引

玻璃雨篷预算定额指引如图 19-1 所示。

    [15-133] 雨篷 夹胶玻璃简支式(点支式)/100m2/76774.92
    [15-134] 雨篷 夹层玻璃托架式/100m2/54950.24

图 19-1　玻璃雨篷预算定额指引

⊕ 现场认识

结合日常生活中的场所,你在哪些地方见到过哪些钢结构雨篷?你知道它的面层是什么材质吗?

_____

_____

_____

任务描述

已知某学校地下室汽车坡道入口的玻璃雨篷平面图、立面图及节点大样图（图19-2～图19-4），现要求完成该玻璃雨篷的清单及预算编制（钢结构及基座不考虑）。

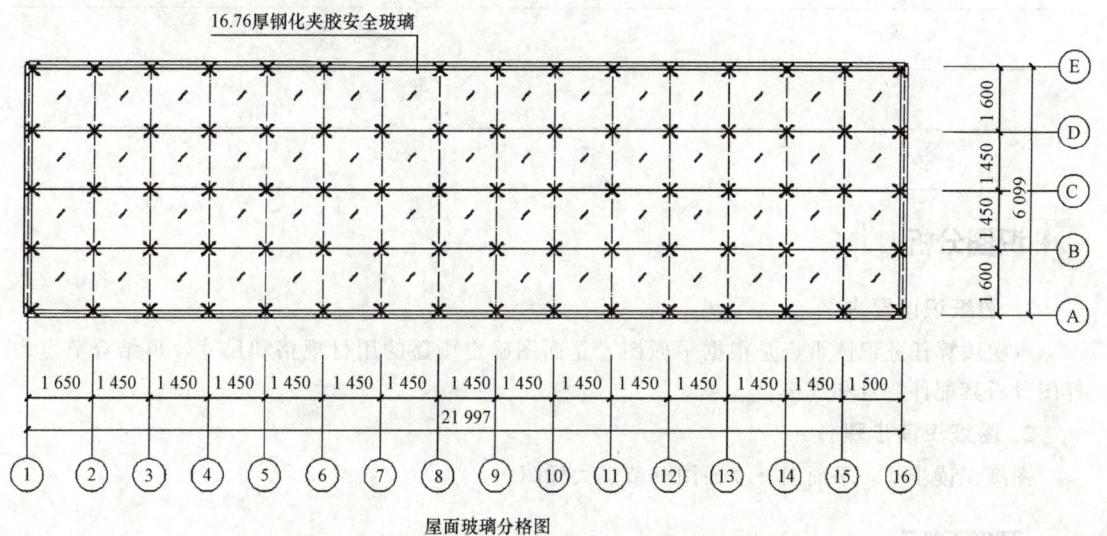

图 19-2 某学校地下室汽车坡道入口的玻璃雨篷平面图

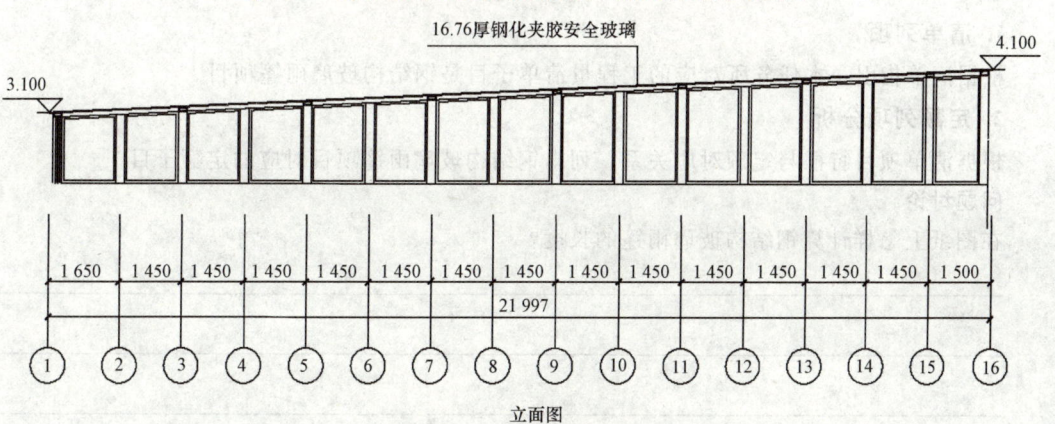

图 19-3 玻璃雨篷立面图

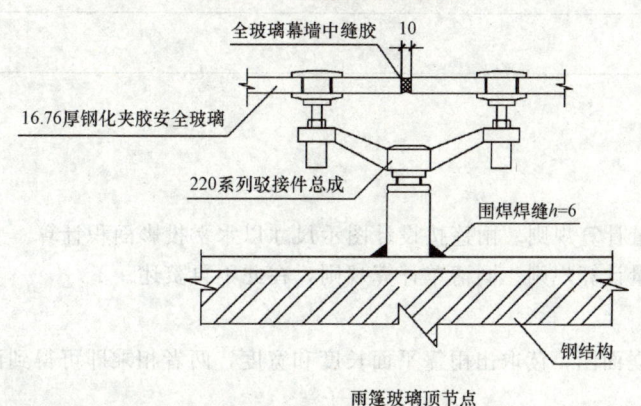

图 19-4 玻璃雨篷节点大样图

任务引导

请在教师的指导下根据所给图纸分析该雨篷的构造及材质。

_____
_____
_____
_____
_____

识图分析

1. 图纸识读要求

本次预算任务识读重点是根据平面图、立面图确定雨篷的用材规格和尺寸,再结合节点大样图分析其配件数量和规格。

2. 图纸识读步骤

图纸识读步骤:平面图→立面图→节点大样图。

预算列项

1. 清单列项

根据清单指引,本任务所对应的工程量清单子目是钢结构玻璃雨篷项目。

2. 定额列项分析

根据清单项目特征与定额对应关系,列出钢结构玻璃雨篷项目对应的定额子目。

问题讨论

在图纸上怎样计算钢结构玻璃雨篷的长度?

_____
_____
_____
_____
_____

工程算量

1. 计算规则

(1) 清单工程量计算规则。雨篷按设计图示尺寸以水平投影面积计算。

(2) 定额工程量计算规则。同清单计算规则,在此不再赘述。

2. 算量方法

根据平面图和立面图,读取出雨篷平面长度和宽度,两者相乘即可得到面积。

3. 算量过程

现以上述玻璃雨篷为例进行工程量计算,具体见表19-2。

表 19-2 工程计量单

楼层	轴号、房间名	项目名称或材料名称	单位	计算公式	工程量
1	汽车坡道玻璃雨篷	点支式夹胶玻璃雨篷	m²	22×6.1	134.2

4. 工程量清单编制

工程量清单编制的难点在于准确、完整填写项目特征，项目特征须参照清单指引结合图纸设计完整填写（表 19-3）。

表 19-3 清单与计价表

序号	项目编码	项目名称	项目特征描述	计量单位	工程量	综合单价	合价	其中 暂估价
		分部分项工程费						
1	011506003001	玻璃雨篷	1. 地下坡道采光雨篷 8＋1.52＋8（mm）厚全钢化夹胶玻璃 2. 点驳式 3. 钢结构另计	m²	134.2			

问题讨论

请在教师的指导下讨论有坡度的玻璃雨篷应如何确定对应的长度和宽度尺寸。

工程计价

1. 定额套用

参照《江西预算定额》，以玻璃雨篷为例，定额套用详见表 19-4，具体套用定额方法请扫描右侧二维码。

表 19-4 定额套用表

序号	定额编号	项目名称	单位	工程量	单价/元 单价	单价/元 工资	总价/元 总价	总价/元 工资
1	15－133	雨篷 夹胶玻璃简支式（点支式）	100 m²	1.342	80 250.89	8 654.21	107 696.69	11 613.95

— 185 —

问题讨论

请在教师的指导下讨论点支式玻璃雨篷的算量难点。

_____

_____

_____

_____

2. 定额费用合计

在第 3 步定额套价基础上,汇总出装饰工程定额费用(表 19-5)。

表 19-5　定额取费表

序号	定额编号	项目名称	定额费小计/元 总价	定额费小计/元 工资	专业归属	备注
1	15—133	雨篷 夹胶玻璃简支式(点支式)	107 696.69	11 613.95	装饰	定额费用数据来源为表 19-3
2		装饰专业定额费小计(1)	107 696.69	11 613.95		

问题讨论

请在教师的指导下讨论玻璃雨篷爪件工程量应怎样计算。

_____

_____

_____

_____

3. 综合单价计算

根据《江西费用定额》,在分专业定额费用基础上计取企业管理费和利润,并汇总出装饰费用合计,再根据清单工程量计算出清单综合单价(表 19-6)。

表 19-6　清单综合单价计算表

序号	定额编号	项目名称	单位	费用/元 定额费用	费用/元 其中:人工费
一		装饰定额费用	元	107 696.69	11 613.95
二		企业管理费	人工费×(10.05%+0.83%)	元	1 263.60
三		利润	人工费×7.41%	元	860.59
四		装饰总费用	一+二+三	元	109 820.88
五		清单工程量		m²	134.20
六		综合单价	四÷五	元/m²	818.34

问题讨论

请在教师的指导下讨论夹胶玻璃及爪件应如何定价。

_____
_____
_____
_____
_____
_____
_____
_____
_____
_____
_____
_____
_____
_____

任务检查

在完成上述预算任务后,需要针对施工图识读、工程量计算、清单编制、定额套用及综合取费进行检查,并根据检查情况填写自查表(表19-7)。

表19-7 自查表

序号	检查项目	检查内容	检查结果(无误填"√",有误填"×"并加以整改)
1	施工图识读	主要检查构造做法、材质规格及预算范围等方面	
2	工程量计算	检查主要包括计算单位、计算方法和计算结果等方面	
3	清单编制	检查主要包括清单编码、项目名称、项目特征、计量单位和工程量填写等方面	
4	定额套用	检查主要包括定额选用、定额换算、材质规格、定额工程量是否对应项目特征(或图纸说明)、工程量等方面	
5	综合取费	检查主要包括定额费用项目是否有遗漏、计算程序和计算费率是否符合《江西费用定额》的规定、计算结果是否有错误三个方面	

任务评价

在完成各项预算任务后，需要根据完成的准确性、时效性、完整性和规范性进行自我评价、小组评价和教师评价，并填写评价表（表19-8）。

表19-8 评价表

序号	评价内容		自我评价	小组评价	教师评价
1	预算准确性（50分）	如发现以下几类错误扣分（各类问题每发现1处扣5分，扣完为止）：(1)工程量计算规则的选用错误；(2)工程量计算错误；(3)错套定额；(4)未按照有关规定取费；(5)总造价汇总错误；(6)项目特征描述错误；(7)其他错误			
2	预算及时性（20分）	在规定时间内完成得满分（20分），未按期完成工作任务的每延期2 min扣1分			
3	预算完整性（20分）	预算成果应包括工程计量单、清单与计价表、定额套用表、定额取费表、清单综合单价计算表（是否符合基本建设程序、是否超出项目概算、合同价及超出的原因等）、审核定案表，每遗漏一张表扣4分，直至扣完为止			
4	预算规范性（10分）	预算报告要求格式规范，具体包括计算单位、定额编号、清单编码、计量单位、小数点取舍等都须严格按规范要求。发现不规范的每一处扣2分，扣完为止			
5	预算评价分	1~4项合计（满分100分）			

素养提升

结合频发的玻璃雨篷安全事故，大家有何感悟呢？

课外作业

请参照本案例玻璃雨篷的计价方法，尝试完成其他类型雨篷的计量和计价。

以赛促学

相关赛题参见全国职业院校技能大赛官网（http://www.nvsc.com.cn/sqbz-mj/）。

任务二十　招牌、灯箱

知识目标

(1) 了解招牌、灯箱的类型。
(2) 了解招牌、灯箱的构造及做法。
(3) 掌握招牌、灯箱的计算规则。

能力目标

(1) 能够掌握招牌、灯箱构造做法与预算的关联性。
(2) 能够掌握招牌、灯箱计量、计价及取费方法。

素质目标

(1) 从招牌的变化讲述,增强学生的家国情怀。
(2) 通过欣赏美术字,培养学生的审美观。
(3) 从论述中华老字号由来,培养学生的质量意识。

教与学

知识准备

招牌根据造型构造可分为一般和复杂两种类型。一般平面广告牌是指正立面平整无凹凸面;复杂平面广告牌是指正立面有凹凸面造型的。灯箱即箱(竖)式广告牌,是指具有多面体的广告牌。根据定额说明,招牌、灯箱项目,当设计与定额考虑的材料品种、规格不同时,材料可以换算。招牌、灯箱项目均不包括广告牌喷绘、灯饰、灯光、店徽、其他艺术装饰及配套机械。

美术字项目均按成品安装考虑,根据最大外接矩形面积区分规格。

问题讨论

请在课前复习以前所学建筑施工技术课程,分析招牌、灯箱的构造做法。

素质引申

招牌既展示了店铺的商业形象,也是展现文化艺术的重要途径。假如你走在古街老巷,看到儿时熟悉的商店招牌,能否勾起童年美好的回忆呢?

_____

_____

_____

_____

标准规范

1. 招牌、灯箱清单计价指引

招牌、灯箱工程量清单项目的设置、项目特征描述的内容、计量单位及工程量计算规则应按表 20-1 的规定执行。

表 20-1 招牌、灯箱(编号:011507)

项目编码	项目名称	项目特征	计量单位	工程量计算规则	工作内容
011507001	平面、箱式招牌	1. 箱体规格 2. 基层材料种类 3. 面层材料种类 4. 防护材料种类	m²	按设计图示尺寸以正立面边框外围面积计算。复杂形的凸凹造型部分不增加面积	1. 基层安装 2. 箱体及支架制作、运输、安装 3. 面层制作、安装 4. 刷防护材料、油漆
011507002	竖式标箱		个	按设计图示数量计算	
011507003	灯箱				

2. 招牌、灯箱预算定额指引

招牌、灯箱预算定额指引如图 20-1 所示。

```
[15-148] 平面广告牌基层 木结构 一般/10m2/747.16
[15-149] 平面广告牌基层 木结构 复杂/10m2/1024.06
[15-150] 平面广告牌基层 钢结构 一般/10m2/1101.35
[15-151] 平面广告牌基层 钢结构 复杂/10m2/1368.05
[15-156] 灯箱、广告牌面层 有机玻璃/10m2/934.04
[15-157] 灯箱、广告牌面层 玻璃/10m2/718.42
[15-158] 灯箱、广告牌面层 不锈钢/10m2/2019.53
[15-159] 灯箱、广告牌面层 玻璃钢/10m2/605.30
[15-160] 灯箱、广告牌面层 胶合板/10m2/259.11
[15-161] 灯箱、广告牌面层 铝塑板/10m2/875.00
[15-162] 灯箱、广告牌面层 不干胶纸/10m2/538.13
[15-163] 灯箱、广告牌面层 灯箱布/10m2/2504.71
[15-164] 灯箱、广告牌面层 灯片/10m2/2620.60
[15-152] 箱(竖)式广告牌基层 钢结构(厚)≤500mm 矩形/10m3/5993.02
[15-153] 箱(竖)式广告牌基层 钢结构(厚)≤500mm 异形/10m3/6037.62
[15-154] 箱(竖)式广告牌基层 钢结构(厚)>500mm 矩形/10m3/4646.33
[15-155] 箱(竖)式广告牌基层 钢结构(厚)>500mm 异形/10m3/4552.81
```

图 20-1 招牌、灯箱预算定额指引

现场认识

结合日常生活中的场所，你在哪些地方见到过哪些招牌、灯箱？你知道它们的材质是什么吗？

_____

_____

_____

_____

任务描述

已知某银行的招牌立面图及节点大样图（图 20-2 和图 20-3），现要求完成该招牌的工程量清单及预算编制。

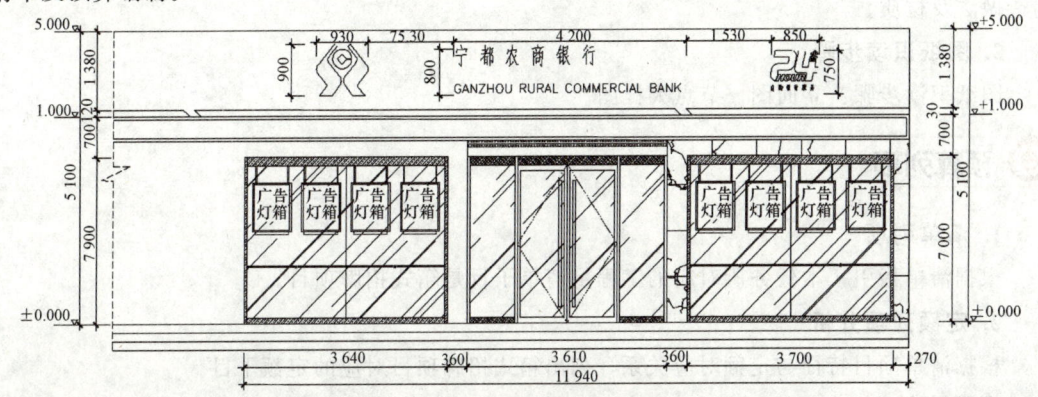

图 20-2 某银行的招牌立面图

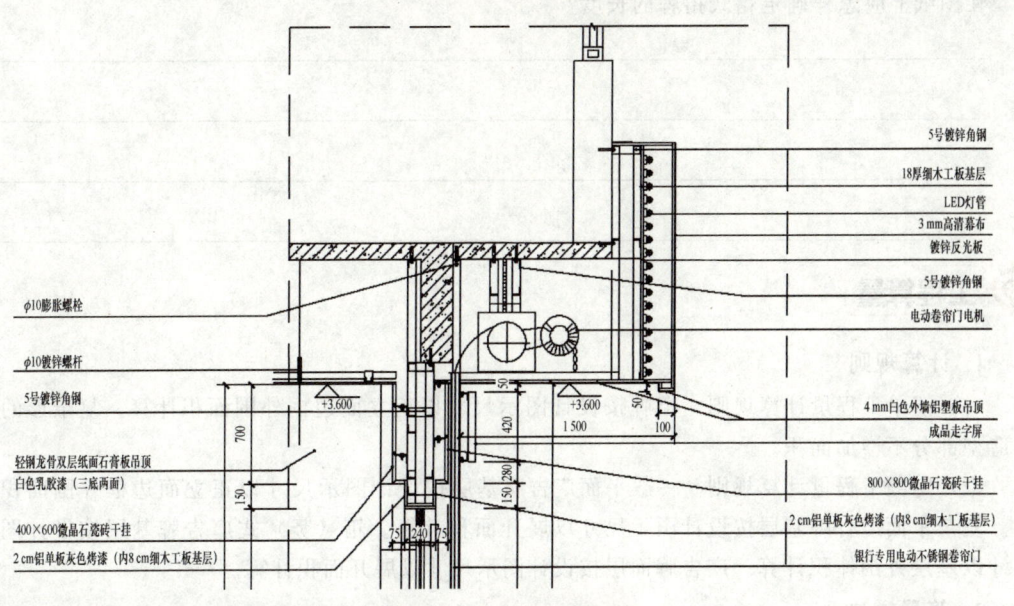

图 20-3 招牌节点大样图

任务引导

请在教师的指导下根据所给图纸分析该招牌的构造及材质。

_____
_____
_____
_____
_____

◎ 识图分析

1. 图纸识读要求

本次预算任务识读重点是根据立面图量分析招牌的长度和立面,再结合节点大样图分析其构造做法及材质。

2. 图纸识读步骤

图纸识读步骤:立面图→节点大样图。

◎ 预算列项

1. 清单列项

根据清单指引,本任务所对应的工程量清单子目是箱式招牌项目。

2. 定额列项分析

根据清单项目特征与定额对应关系,列出箱式招牌项目对应的定额子目。

问题讨论

在图纸上应怎样确定箱式招牌的长度?

_____
_____
_____
_____

◎ 工程算量

1. 计算规则

(1) 清单工程量计算规则。招牌按设计图示尺寸以正立面边框外围面积计算。复杂形的凸凹造型部分不增加面积。

(2) 定额工程量计算规则。一般平面广告牌基层按设计图示尺寸以正立面边框外围面积计算。复杂平面广告牌基层按设计图示尺寸以展开面积计算。箱(竖)式广告牌基层按设计图示尺寸以基层外围体积计算。广告牌面层按设计图示尺寸以展开面积计算。

2. 算量方法

根据计算规则,先从招牌立面图上读取或量取出招牌长度,再结合节点大样图确定招牌展开宽度，然后用该长度乘以展开宽度即可计算其表面积。

3. 算量过程

现以上述箱式招牌为例进行工程量计算，具体见表 20-2。

表 20-2 工程计量单

楼层	轴号、房间名	项目名称或材料名称	单位	计算公式	工程量
1	招牌	平面广告牌基层 钢结构 一般	m²	14.71×(1.38+0.12)	22.065
		墙饰面 细木工板基层	m²	14.71×(1.38+0.12)	22.065
		灯箱、广告牌面层 灯箱布	m²	14.71×(1.38+0.12)	22.065
		镀锌反光板面积	m²	14.71×(1.38+0.12)	22.065

4. 工程量清单编制

工程量清单编制的难点在于准确、完整填写项目特征，项目特征须参照清单指引结合图纸设计完整填写（表 20-3）。

表 20-3 清单与计价表

序号	项目编码	项目名称	项目特征描述	计量单位	工程量	金额/元 综合单价	合价	其中 暂估价
		分部分项工程费						
1	011507001001	平面、箱式招牌	1. 一般平面广告基层（钢结构） 2. 镀锌反光板 3. 18 mm 细木工板 4. 3 m 高清幕布	m²	22.065			

问题讨论

请在教师的指导下讨论招牌长度应怎样计算。

工程计价

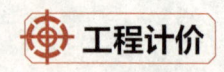

1. 定额套用

参照《江西预算定额》，以箱式招牌项目为例，定额套用详见表 20-4，具体套用定额方法请扫描右侧二维码。

表 20-4 定额套用表

序号	定额编号	项目名称	单位	工程量	单价/元 单价	单价/元 工资	总价/元 总价	总价/元 工资
1	15—150	平面广告牌基层 钢结构 一般	10 m²	2.207	1 305.64	508.61	2 881.55	1 122.50
2	15—158 换	灯箱、广告牌面层 不锈钢 换：镀锌钢板（综合）	10 m²	2.207	705.19	196.99	1 556.35	434.76
3	15—163	灯箱、广告牌面层 灯箱布	10 m²	2.207	2 542.88	95.04	5 612.14	209.75
4	12—139 换	墙饰面 细木工板基层 换：细木工板 δ18	100 m²	0.221	5 095.96	551.52	1 126.21	121.89

问题讨论

请在教师的指导下讨论箱式招牌展开宽度的计算方法。

_____

_____

_____

_____

2. 定额费用合计

在第 3 步定额套价基础上，汇总出装饰工程定额费用（表 20-5）。

表 20-5 定额取费表

序号	定额编号	项目名称	定额费小计/元 总价	定额费小计/元 工资	专业归属	备注
1	15—150	平面广告牌基层 钢结构 一般	2 881.55	1 122.50	装饰	定额费用数据来源为表 20-4
2	15—158 换	灯箱、广告牌面层 不锈钢 换：镀锌钢板（综合）	1 556.35	434.76	装饰	定额费用数据来源为表 20-4
3	15—163	灯箱、广告牌面层 灯箱布	5 612.14	209.75	装饰	定额费用数据来源为表 20-4
4	12—139 换	墙饰面 细木工板基层 换：细木工板 δ18	1 120.21	121.89	装饰	定额费用数据来源为表 20-4
5	装饰专业定额费小计（1+2+3+4）		11 176.25	1 888.90		

问题讨论

请在教师的指导下讨论细木工板基层换算方法。

_____

_____

_____

_____

_____

3. 综合单价计算

根据《江西费用定额》，在分专业定额费用基础上计取企业管理费和利润，并汇总出装饰费用合计，再根据清单工程量计算出清单综合单价（表 20-6）。

表 20-6　清单综合单价计算表

序号	定额编号	项目名称	单位	费用/元 定额费用	其中：人工费
一		装饰定额费用	元	11 176.25	1 888.90
二		企业管理费	人工费×(10.05%＋0.83%)	元	205.51
三		利润	人工费×7.41%	元	139.97
四		装饰总费用	一＋二＋三	元	11 521.73
五		清单工程量		m²	22.065
六		综合单价	四÷五	元/m²	522.17

问题讨论

请在教师的指导下讨论基层、面层规格对箱式招牌预算的影响。

_____

_____

_____

_____

_____

_____

_____

任务检查

在完成上述预算任务后,需要针对施工图识读、工程量计算、清单编制、定额套用及综合取费进行检查,并根据检查情况填写自查表(表20-7)。

表20-7 自查表

序号	检查项目	检查内容	检查结果(无误填"√",有误填"×"并加以整改)
1	施工图识读	主要检查构造做法、材质规格及预算范围等方面	
2	工程量计算	检查主要包括计算单位、计算方法和计算结果等方面	
3	清单编制	检查主要包括清单编码、项目名称、项目特征、计量单位和工程量填写等方面	
4	定额套用	检查主要包括定额选用、定额换算、材质规格、定额工程量是否对应项目特征(或图纸说明)、工程量等方面	
5	综合取费	检查主要包括定额费用项目是否有遗漏、计算程序和计算费率是否符合《江西费用定额》的规定、计算结果是否有错误三个方面	

任务评价

在完成各项预算任务后,需要根据完成的准确性、时效性、完整性和规范性进行自我评价、小组评价和教师评价,并填写评价表(表20-8)。

表20-8 评价表

序号	评价内容		自我评价	小组评价	教师评价
1	预算准确性(50分)	如发现以下几类错误扣分(各类问题每发现1处扣5分,扣完为止):(1)工程量计算规则的选用错误;(2)工程量计算错误;(3)错套定额;(4)未按照有关规定取费;(5)总造价汇总错误;(6)项目特征描述错误;(7)其他错误			
2	预算及时性(20分)	在规定时间内完成得满分(20分),未按期完成工作任务的每延期2 min扣1分			
3	预算完整性(20分)	预算成果应包括工程计量单、清单与计价表、定额套用表、定额取费表、清单综合单价计算表(是否符合基本建设程序、是否超出项目概算、合同价及超出的原因等)、审核定案表,每遗漏一张表扣4分,直至扣完为止			
4	预算规范性(10分)	预算报告要求格式规范,具体包括计算单位、定额编号、清单编码、计量单位、小数点取舍等都须严格按规范要求。发现不规范的每一处扣2分,扣完为止			
5	预算评价分	1~4项合计(满分100分)			

参考文献

[1] 中华人民共和国住房和城乡建设部，中华人民共和国国家市场监督管理总局. GB 50500—2013 建设工程工程量清单计价规范 [S]. 北京：中国计划出版社，2013.

[2] 中华人民共和国住房和城乡建设部. GB 50854—2013 房屋建筑与装饰工程工程量计算规范 [S]. 北京：中国计划出版社，2013.

[3] 江西省建设工程造价管理局. 江西省房屋建筑与装饰工程消耗量定额及统一基价表 [S]. 长沙：湖南科学技术出版社，2017.

[4] 江西省建设工程造价管理局. 江西省建筑与装饰、通用安装、市政工程费用定额（试行）[S]. 长沙：湖南科学技术出版社，2017.

[5] 全国造价工程师职业资格考试培训教材编审委员会. 建设工程计价 [M]. 北京：中国计划出版社，2023.

[6] 全国造价工程师职业资格考试培训教材编审委员会. 建设工程技术与计量 [M]. 北京：中国计划出版社，2023.

[7] 中国建设工程造价管理协会. CECA/GC 6—2011 建设工程招标控制价编审规程 [S]. 北京：中国计划出版社，2011.

[8] 中国建设工程造价管理协会. CECA/GC 3—2010 建设项目工程结算编审规程 [S]. 北京：中国计划出版社，2010.

[9] 中国建设工程造价管理协会. CECA/GC 5—2010 建设项目施工图预算编审规程 [S]. 北京：中国计划出版社，2010.

[10] 张江波. EPC 项目造价管理 [M]. 西安：西安交通大学出版社，2020.

[11] 李珺. 建筑工程预算 [M]. 北京：北京理工大学出版社，2022.

[12] 李珺. 建筑工程计量 [M]. 北京：北京理工大学出版社，2013.

[13] 纪传印. 装饰工程计量与计价 [M]. 4 版. 重庆：重庆大学出版社，2023.

[14] 吴锐，王俊松. 建筑装饰装修工程预算习题集与实训指导 [M]. 3 版. 北京：人民交通出版社，2017.

[15] 胡晓娟. 工程造价实训 [M]. 重庆：重庆大学出版社，2019.

素养提升

"中华老字号"是中国世代传承的品牌，由中华人民共和国商务部颁发。"中华老字号"是指历史悠久，具有鲜明的中华民族传统文化背景和深厚的文化底蕴，取得社会广泛认同，形成良好信誉的品牌。2023年12月21日，商务部公示的新一批"中华老字号"拟认定名单共有388个品牌，平均"年龄"达138岁。与此同时，也有一些耳熟能详的品牌被移出"中华老字号"名录。对此，大家有什么感悟呢？

课外作业

请参照本案例招牌的计价方法，尝试完成其他类型招牌灯箱的计量和计价。

以赛促学

相关赛题参见全国职业院校技能大赛官网（http://www.nvsc.com.cn/sqbz-mj/）。